BVT

Anatole Broyard, hellhäutiger Sprössling einer afroamerikanischen Familie, erzählt, wie er kurz nach Kriegsende ins New Yorker Village kommt, um ein Leben als Weißer zu führen und bei den dortigen Intellektuellen Anerkennung zu finden. Er eröffnet einen Buchladen und avanciert binnen weniger Jahre zum Star der Bohème. Broyard erzählt von seiner Liebe zu der herausfordernden jungen Malerin Sheri Donatti – »einer radikalen Version von Anaïs Nin« –, von Glamour, Kultur und Sex jener wilden Jahre, einer Zeit, in der die jungen Intellektuellen ausgehungert nach Lektüre waren und sich im Village eine heranwachsende Generation von Schriftstellern traf, um Literatur und Sexualität neu zu erfinden. Broyard beschreibt eine wundersame, längst versunkene Welt mit luzider Beobachtungsgabe und einer stilistischen Klarheit, die den Leser Satz für Satz erregt und erhellt.

Anatole Broyard, 1920 im French Quarter von New Orleans geboren, ging im Alter von 26 Jahren nach New York. Achtzehn Jahre lang war er Literaturkritiker, Kolumnist und Herausgeber der *New York Times*. Er starb 1990 in Cambridge, Massachusetts.

Anatole Broyard

Verrückt nach Kafka

Erinnerungen an Greenwich Village

Aus dem Amerikanischen von
Carrie Asman und Ulrich Enzensberger
und mit einem Nachwort von Carrie Asman

Berliner Taschenbuch Verlag

Januar 2003
BvT Berliner Taschenbuch Verlags GmbH, Berlin,
ein Unternehmen der Verlagsgruppe Random House GmbH
Die Originalausgabe erschien 1996 unter dem Titel
Kafka Was the Rage, A Greenwich Village Memoir
bei Carol Southern Books, New York

Umschlaggestaltung: Nina Rothfos und Patrick Gabler, Hamburg,
unter Verwendung einer Fotografie von
© Eliott Erwitt / Magnum / Agentur Focus
Gesetzt aus der Stempel Garamond durch
die Offizin Götz Gorissen, Berlin
Druck & Bindung: Elsnerdruck, Berlin
Printed in Germany 2001 · ISBN 3-442-76130-1

Vorbemerkung

Ich glaube, es gibt die große Nostalgie nach dem Leben in New York City, vor allem in Greenwich Village, in der Zeit gleich nach dem Zweiten Weltkrieg. Wir waren alle so dankbar dafür, da zu sein, es war wie eine Belohnung für den Krieg. Man hatte das Gefühl, ins Leben zurückzukehren, man spürte eine immense Energie und Neugierde, ja, es gab sogar so etwas wie ein Gefühl schicksalhafter Bestimmung, das aus dem gerade beendeten Krieg herrührte. Das Village, wie New York City selbst, hatte etwas Süßes, unendlich Verlockendes. Es glich dem Paris der zwanziger Jahre mit dem Unterschied, daß es unsere Stadt war. Hier waren wir nicht fremd, wir kannten uns aus. Das Village war charmant, schäbig, intim, zugänglich wie ein Straßenfest. Wir lebten in den Bars und auf den Bänken des Washington Square. Wir waren Teil eines abenteuerlichen Unternehmens, wir versuchten, Schriftsteller oder Maler zu sein, oder damit zu beginnen.

Das amerikanische Leben veränderte sich, und wir ließen uns davon tragen. Sozial und sexuell verwandelte sich das Leben. Für uns war es besonders erregend, weil wir jung waren. Es war, als teilten wir eine gemeinsame Jugend mit dem Land selbst. Die Veränderungen machten uns Angst, und doch halfen wir mit, sie zu bestimmen.

Die zwei großen Veränderungen, die mich am meisten interessierten, waren Bewegungen, die auf die sexuelle Freiheit und auf das Abstrakte in Kunst und Literatur, ja im Leben selbst, abzielten. Diese zwei Bewegungen betrafen mich nicht sozialhistorisch, sondern unmittelbar, als etwas, was mein tägliches Leben formte. Meine Haltung beiden gegenüber war zwiespältig, und aus meinem Ringen mit ihnen stammt ein Teil der Energie, aus der sich diese Erzählung speist.

Als unschuldiger Provinzler aus dem French Quarter von New Orleans und aus Brooklyn zog ich mit Sheri Donatti zusammen, einer radikalen Version von Anaïs Nin, deren Protegé sie war. Sheri verkörperte all die neuen Trends in Kunst, Sex und Psychose. Sie sollte meine *éducation sentimentale* werden. Ich machte einen Buchladen auf und ging auf die New School, mit einem GI-Bill-Stipendium. Ich begann mit dem Gedanken zu spielen, Schriftsteller zu werden. Ich dachte über die Beziehung zwischen Männern und Frauen nach, darüber, wie 1947 die Dinge lagen, als die beiden Geschlechter noch etwas umschloß, das Aldous Huxley eine feindliche Symbiose nannte. Unsere Lektüre und unsere Gesprächsthemen haben als Landschaft wie das Wetter den Hintergrund gebildet. Im Vordergrund standen unsere Liebesaffären, unsere Freundschaften, das amerikanische Leben und die amerikanische Kunst, in die wir uns wie Schwimmer oder Taucher versenkten. Dieses Buch ist durchweg eine Erzählung, die innere Geschichte, die ein vom Leben in New York City erregter und verwirrter junger Mann in einer Glanzzeit der Stadt persönlich durchlebte.

Das Tragische – und Komische – an meiner Geschichte war, daß ich mir das amerikanische Leben mit demselben angestrengten, inbrünstigen Ernst zu Herzen nahm, den junge Männer gewöhnlich für ihre Liebesgeschichten aufbringen. Manche meiner Zeitgenossen haben großes Aufheben um ihr politisches Engagement gemacht, aber die Politisierung ihrer Erfahrung hat sie, wie mir scheint, vom Alltäglichen, von der gewöhnlichen Beschaffenheit der Dinge, abgelenkt. Sie sahen im amerikanischen Leben nur eine platonische Idee. Um es mit ihrem Lieblingswort zu sagen, sie waren entfremdet. Ich war es nicht. Tatsächlich war ich, und das war unter anderem mein Problem, der Entfremdung entfremdet, ich war ein Insider unter lauter Außenseitern. Die jungen Intellektuellen, die ich kannte, hatten gewissermaßen jegliches Gefühl für ihre nationale weggelesen und -kritisiert.

In diesem Buch ist sehr viel von Sex die Rede, aber niemals beiläufig, denn alles wurde mit Gefühl und Bewußtsein bezahlt. In meinem Verhältnis zur Liebe und zur Kunst habe ich immer, wie Irving Howe es ausdrückte, »Zivilisationsreue« empfunden. Ich glaube, ich bin in mancher Hinsicht, was das moderne Leben betrifft, ein Dissident. Ich teile die Nostalgie, die heute in der Mode und auch im Film eine so große Rolle spielt.

Meine Geschichte ist nicht nur eine Autobiographie oder eine Chronik, sie ist auch eine Liebeserklärung an jene Zeit und an jenen Ort. Sie ist auch ein Plädoyer, ein Aufruf, ein Appell, das urbane Leben nicht sterben zu lassen. Eine

Soziologie verbirgt sich in diesem Buch, genauso wie ein Körper sich in seine Kleider hüllt.

Anatole Broyard
Southport, Connecticut
April 1989

Teil 1, Sheri

I

Mein Leben, oder meine Karriere, in Greenwich Village begann damit, daß Sheri Donatti mir anbot, zu ihr zu ziehen. *Anbot* ist nicht das richtige Wort, aber ich weiß nicht, wie ich es sonst ausdrücken soll. Ich hatte gerade die Armee verlassen und sah mich nach einer bezahlbaren Bleibe um, als ich auf einer Party Sheri begegnete. Sie sagte, sie habe zwei Wohnungen, und wollte mir damit, wenn ich sie recht begriff, zu verstehen geben, daß ich vorbeikommen und mir eine davon ansehen konnte.

Sheri Donatti war die Art von Person, die 1946 in Greenwich Village gerade in Mode kam. Alle waren verrückt nach Kafka, die abstrakten Expressionisten und der Revisionismus in der Psychoanalyse waren der letzte Schrei. Sheri war ihre eigene Avantgarde. Sie hatte sich ausradiert und neu gezeichnet. Ihre Art zu gehen, zu reden, sich zu bewegen, ja sogar ihre Art zu denken und zu fühlen, hatte sie neu entworfen.

Sie war Malerin und glich eher einem Kunstwerk als einer schönen Frau. Sie hatte eine hohe, gewölbte Stirn, das lange, seidige, braune Haar von Frauenporträts, weite, blaßblaue Augen, deren Oberfläche eine große Unruhe trübte. Ihre Nase war gebogen, ihr Mund dünn und untröstlich, ihr Kinn klein und spitz. Es war die Sorte von düsterer oder bleicher Schönheit, die man im Village gerne mit dem Wort *quattrocento* bedachte.

Ihr Körper wirkte mager und üppig zugleich. Ihre Taille war so schmal, daß Sheri von ihr in zwei Teile zerschnitten wurde, wie eine gespaltene Persönlichkeit oder zwei Denkrichtungen. Trotz ihrer kräftigen Beine und ausladenden Hüften war ihr Oberkörper dramatisch dünn. Wenn sie nackt war, schien es, als wollte die obere Hälfte aus der unteren heraussteigen wie eine Frau aus einem schweren Kleid. Ihre Gesten und Bewegungen glichen einem langsamen Tanz, einer Parodie klassischer Posen. Sie waren sehr überlegt, und sie führte sie mit halber Geschwindigkeit aus, als müßte sie sich jedesmal neu besinnen, sich erinnern, wie menschliche Wesen sich verhalten.

Und doch war bei aller Affektiertheit etwas an ihr verblüffend: Sie war eine Vorausschau auf kommende Dinge, eine noch nicht vollends perfektionierte Erfindung, die sich als wichtig erweisen sollte, ein Vorläufer oder Vorbote, wie das Zerbrechen des Objekts im Kubismus oder die Atonalität in der Musik. Als ich sie besser kennenlernte, kam sie mir wie eine neuartige Krankheit vor.

Jones Street Nummer 23 war ein schäbiger Block mit Eisentreppen, die ein dumpfes Dröhnen von sich gaben, und einer Toilette mit Vorhängeschloß auf jedem Treppenabsatz. Es gab keine Klingel, und da die Haustür nicht abgeschlossen war, stieg ich in den ersten Stock hoch, wie Sheri Donatti mir gesagt hatte. Als sie die Tür öffnete, sah ich, daß ihre Beine nackt waren und ihr dunkles Kleid geradezu liebevoll ihre Schenkel umschmiegte.

Drei kleine Räume grenzten an eine Küche in der Mitte. Sheri führte mich in ihr Studio, wie sie es nannte, wo Bilder an der Wand hingen und eine unfertige Leinwand auf einer Staffelei stand. Wir setzten uns und begannen eine Unterhaltung herzustellen oder zusammenzustückeln. Wie alles an Sheri war auch ihr Sprachstil gewöhnungsbedürftig. Sie betonte jede Silbe gleich stark und gurrte und sang ihre Vokale. Ihre Sätze hatten keine Intonation, sie hoben und senkten sich nicht, so daß sie körperlos und abgehackt und doch auch orakelhaft wirkten. Ihre Art erinnerte mich an experimentelles Schreiben, an die »Revolution of the word« in den kleinen literarischen Zeitschriften der dreißiger Jahre. Sie sprach wie ein Vogel, der Dinge vom Boden aufpickt und dann seinen Hals wölbt, um sie zu verschlingen.

Sie hatte es mit Metaphern und waghalsigen Verallgemeinerungen, die Art von Sachen, die französische Schriftsteller in ihre Tagebücher schrieben. Alles, was sie sagte, klang wahr und erlogen zugleich. Immer jedoch war die Kraft ihrer Intelligenz zu spüren, und einige ihrer Bilder waren bemerkenswert.

Ich hatte plötzlich den Eindruck, unsere Unterhaltung könnte ein Einstellungsgespräch sein, ein Test, um meine Tauglichkeit als Mieter oder Nachbar zu prüfen, und so begann ich mich aufzuplustern. Ich trug grobes Militärzeug, und sie fragte mich, ob ich im Krieg gewesen war. Sie fragte, Hast du jemanden umgebracht?

Nein, sagte ich. Ich wünschte, ich hätte es. Dann hätte ich wenigstens das Gefühl, ich wäre weiter.

Gerade als ich anfing zu glauben, sie hätte den Grund meines Kommens vergessen, stand sie auf und schlug vor, mir die andere Wohnung zu zeigen, direkt gegenüber, auf der anderen Seite des Flurs. Ich hatte mich auf diesen Augenblick, bei der Vorstellung, eine eigene Bleibe in Greenwich Village zu bekommen, lange gefreut, aber beim ersten Blick auf die zweite Wohnung wurde mir klar, daß die Sache nicht so einfach war, wie ich gedacht hatte. Eines konnte ich jetzt schon mit Bestimmtheit sagen: Daß nichts, was mit Sheri Donatti zu tun hatte, simpel war, und daß hinter jeder ihrer Gesten eine zweite steckte. Hinter der Tür der anderen Wohnung zum Beispiel befand sich eine riesige, altmodische Druckerpresse. Wie ein großes schwarzes Tier, ein Bär oder ein Büffel, lauerte sie in der kleinen Küche.

Es war eine enorm schwere und wuchtige Maschine, und ich ersah aus der Art, wie Sheri sie vorstellte, daß sie ihr gehörte. Hinter dieser Sheri Donatti steckte mehr, als ich mir gedacht hatte. Wieder zeigte sie sich von einer neuen Seite: Sie war die Führerin dieser Lokomotive. Das Ding nahm den größten Teil der Küche ein, die so groß war wie die beiden anderen Räume zusammen. Ich hatte das Gefühl, sein Lager, seine Höhle zu betreten – dieser Behemoth wohnte hier. Die Wohnung war besetzt. Hier war für mich kein Platz, es sei denn, ich schlief in seinen Armen.

Ich warf einen Blick in die anderen Räume; dort türmten sich Kisten, Kleider und Bilder. Die Wohnung war vollgepackt, vollgepfropft mit Zeug. Ich hatte den Eindruck, vor einem Rätsel oder einer Denksportaufgabe zu stehen: Wie paßte ich in diesen bereits verstopften Raum hinein? Wollte sie mir diese Wohnung nun anbieten oder nicht? Mir wurde klar, daß ich sie würde fragen müssen. Auch wenn ich mir dabei begriffsstutzig vorkommen mußte, wie jemand, der nicht weiß, wie man sich benimmt oder einen Witz nicht kapiert, mußte ich sie fragen: Ich kann diese Wohnung haben?

Sie lächelte über die Frage, die sie mir aufgedrängt hatte.

Ich nehme sie, sagte ich.

Ich weiß nicht genau, warum ich sie nahm. Die naheliegendste Antwort wäre, daß ich Sheri Donatti wollte, aber so war es nicht, zumindest nicht soweit mir bewußt war. Sie war weiß Gott attraktiv, aber mein Geschmack war noch konventionell. Was ich empfand, war kein Begehren, sondern eine heftige, träge Neugier, ein Gefühl, daß sie der nächste Schritt für mich, daß sie meine Zukunft war oder mein unvermeidliches Schicksal. Ich wurde von Sheri Donatti einberufen, so wie ich zur Armee einberufen worden war.

Ich fuhr zurück nach Brooklyn, packte meine Kleider und Bücher ein und gab meinen Eltern einen Abschiedskuß. Sie wußten nicht, was sie sagen sollten – jetzt war ich ein Veteran. Obwohl ich die Lüge bedauerte, sagte ich ihnen, ich würde sie einladen, sobald ich die Wohnung eingerichtet hätte. Ich hatte ein Taxi bestellt, und als es abfuhr, und sie winkten, und ich winkte, hatte ich das Gefühl von Endgültigkeit, das alle jungen Männer unter solchen Umständen haben.

Als ich in der Jones Street ankam, zeigte mir Sheri, wo ich meine Sachen hinstellen konnte. Sie gab mir einen Teil des Schranks in ihrem Schlafzimmer, und ich klinkte mich dort sozusagen in ihr Leben ein. Wenn das eine Verführung war, war sie sehr abstrakt. Ich tat, als wüßte ich, worum es ging, suchte aber nach Anhaltspunkten. Vermutlich ahnte ich, worauf die Sache hinauslaufen konnte, aber es gab keinen Punkt, an dem mir bewußt gewesen wäre, eine Entscheidung zu treffen.

Ich werde nie wissen, warum sie mich nahm. Wie ich später entdeckte, hatte sie aus einer ganzen Reihe von Männern wählen können. Vielleicht sah sie etwas in mir, das ich selbst noch nicht gesehen hatte, oder etwas, das sie mit mir machen konnte, etwas, worauf ich selbst nie gekommen wäre.

1946 war eine gute Zeit – vielleicht die beste – im zwanzigsten Jahrhundert. Der Krieg war vorbei, die Weltwirtschaftskrise war zu Ende gegangen, und ein jeder entdeckte die einfachen Freuden wieder. Krieg ist wie eine Krankheit, und wenn er vorbei ist, denkt man, es wäre einem noch nie so gut gegangen. Man hat das großartige Gefühl zurückzukehren und das eigene Leben wieder in Besitz zu nehmen.

New York City war noch nie so attraktiv gewesen. Die Nachkriegsjahre waren wie ein großes Lächeln in der düsteren Geschichte der Stadt. 1946 war das Village dem Paris der zwanziger Jahre so ähnlich wie nie. Die Mieten waren niedrig, die Restaurants billig, und mir schien, das Glück selbst war billig zu haben. In den Straßen und Bars wimmelte es von Schriftstellern und Malern und von jungen Männern und Frauen, die sich gerne in deren Gesellschaft bewegten. Auf dem Washington Square warfen sich Möchtegern-romanciers und -dichter in der Nähe der Fontäne Bälle zu, und Mädchen, frisch aus ihren feinen Ivy League Colleges, schauten mit Kunstgeschichte in den Augen auf die Szenerie. Leute auf den Bänken hielten Bücher in ihren Händen.

Obwohl ein großer Teil vom Village schäbig war, störte mich das nicht. Ich dachte, Charakter sei *a priori* eine Form von Schäbigkeit, ein Oberflächenverschleiß. Ich betrachtete diese Schäbigkeit als unsere amerikanische Version der Ruine, als Relikt einer kurzen Geschichte. Die Tristesse der Gebäude war Literatur. Ich war sechsundzwanzig, und Trauer war ein Aufputschmittel, ja ein Aphrodisiakum.

Während die Verwahrlosung draußen zur Atmosphäre der Stadt gehörte, brachte der häusliche Dreck den Bourgeois in mir zum Vorschein. Dieser Dreck war der erste Makel in meinem neuen Paradies. Soweit ich sehen konnte, putzte Sheri nie die Wohnung, und hätte ich es getan, wäre mir das wie ein Vertragsbruch oder eine Kritik vorgekommen. Ich versuchte, den Dreck zu ignorieren und die Sache philosophisch zu betrachten. Vielleicht ist die Bude schmierig, sagte ich mir, aber schmutzig ist sie nicht. Was ist Dreck? Ich fragte mich genauso, wie wir im College gefragt hatten: Was ist Materie? Konnte man diese knirschende Substanz unter meinen Füßen als ebenso neutrales Element betrachten wie den Sand? War dieses Leben, das dem Dreck so nah war, nicht eine Art von Camping? Und ist, so folgerte ich, die Kunst nicht letztlich selbst eine Art Dreck?

In der ersten Nacht, die ich in der Jones Street zubrachte, wurde ich vor Morgengrauen wach, weil ich pinkeln mußte. Ich rüttelte Sheri und fragte sie, wo sie den Schlüssel für das Klo im Flur aufbewahrte.

Piß in die Spüle, sagte sie.

In der Spüle ist Geschirr.

Das muß sowieso abgewaschen werden.

Aber ich hatte Schwierigkeiten, in die Spüle zu pinkeln, weil mich die Vorstellung erregte.

Mit der Badewanne in der Küche war es das gleiche. Ich habe nie einen unbefangenen Blick für sie entwickelt; für mich blieb es immer eine Art von Exhibitionismus, vor jemandem in einer Wanne zu sitzen. Ich war der einzige Sohn einer katholischen Familie aus dem Französischen Viertel in New Orleans, und es gibt keine Menschenklasse, die sexuell so verkorkst ist wie die französische Bourgeoisie, vor allem, wenn sie einen kolonialen Schlag hat.

Der härteste Prüfstein für mich war vielleicht Sheris Art, sich anzuziehen. Unter ihren Kleidern trug sie weiter nichts als einen gepolsterten Büstenhalter, weil sie sich wegen ihrer kleinen Brüste schämte. Sie trug keine Unterhose und keine Strümpfe, auch im Winter nicht, und dieses Fehlen der Unterhose war für mich eine Qual. Wenn wir die Straße entlanggingen, stellte ich mir vor, ihr geheimnisvollstes Teil würde die Welt angrinsen. Meiner Meinung nach war sie durchaus imstande, plötzlich ihren Rock hochzuziehen und sich den Menschen und Gebäuden zu zeigen. Was, wenn der Wind ihn hochwehte; wenn sie ausrutschte und hinfiel?

Einmal fiel sie tatsächlich hin. Es war in einem Schreibwarengeschäft in der West Fourth Street, und sie fiel hin, weil sie in W. H. Auden hineingerannt war. Genauer gesagt fielen beide hin. Auden wohnte um die Ecke in der Cornelia Street, und ich sah ihn oft, wie er mit Büchern und Papieren in den Armen die Straße entlanghastete. Er sah aus wie ein Mann, der mit allem, was er von seinen Habseligkeiten noch hat greifen können, aus einem brennenden Gebäude herausrennt. Er hatte einen kuriosen trippelnden Gang, vielleicht weil er immer Espadrillos trug.

Er stürzte hastig in das Schreibwarengeschäft, gerade als wir es verließen. Sheri ging vor mir, und er rannte direkt in sie hinein. Wie er irgendwo geschrieben hat: Phantasie macht tolpatschig. Von ihm stammt auch der Satz, daß die Kunst, in New York City zu leben, darin bestehe, bei Rot über die Staße zu gehen.

Sheri, die mehr schwebte als ging, war leicht umzustoßen, und Auden hatte den ganzen Schwung seiner Poesie und Nervosität auf seiner Seite. Sie fiel nach hinten, und während sie fiel, umklammerte sie Audens Hals; sie fielen zusammen um, er obenauf. Ich war so besorgt, ihr Rock könnte hochfliegen, daß ich keine Zeit hatte, mir zu überlegen, ob sie sich verletzt hatte oder nicht. Sie lag auf dem Boden, unter einem der berühmtesten Dichter unserer Zeit, aber ich konnte daran nichts Poetisches oder Komisches finden.

Sie klammerte sich an Auden, der in ihren Armen zappelte. Er versuchte verzweifelt aufzustehen und krabbelte dabei mit seinen Händen und seinen Espadrillos auf dem Boden. Er brabbelte unzusammenhängendes Zeug, entschuldigte sich und machte Sheri gleichzeitig Vorhaltungen, während sie mich wie eine Frau beim Tanz über seine Schultern hinweg anlächelte.

Bis zu diesem Zeitpunkt hatte Sex in meinem Leben zum größten Teil etwas Improvisiertes. Er wurde in Eile gemacht, in fremden, oft unpassenden Räumen, zwischen nicht zur Sache gehörigen Ereignissen eingeschoben, wie die Ankunft oder die Abreise der Eltern oder eines Mitbewohners oder dem Anbruch des Morgens. Jetzt konnte ich Sex haben und genießen, wann immer ich wollte. Er hatte sich von einer quälenden Idee in eine überraschende Tatsache, in ein selbständiges Ding verwandelt, wie ein Monument. Er war stets da, wenn ich nichts anderes zu tun hatte.

Ich hatte, vielleicht aus Sentimentalität, immer geglaubt, daß die Liebe die Dinge klären könnte, daß die Menschen sich dadurch besser verstehen lernen. Aber mit Sheri funktionierte das nicht. Sie wurde für mich immer mysteriöser.

Sie machte Liebe, wie sie sprach, indem sie die Grammatik und die Rhythmen des Aktes in ihre Bestandteile zerlegte. Junge Männer neigen zu monotonem Sex, aber Sheri griff meine Monotonie auf und variierte sie, als komponiere sie eine Fuge. Wenn ich ein Kolben war, dann war sie Klees Zwitschermaschine.

Sie war wie eine jener modernen schwarzen Jazzsängerinnen, die gegen die Melodie ansingen und das natürliche Ende von Notenfolgen ignorieren. Die meisten Menschen finden beim Sex zu irgendeinem gemeinsamen Rhythmus, aber Sheri wies alle meine Koordinationsversuche ab. Sie hatte niemals Orgasmen, sie sagte, sie wolle sie nicht. Ich wollte sie, aber ich mußte mich daran gewöhnen, sie auf einem neuartigen Weg zu erreichen. Anstatt den Orgasmus aufzubauen, ihn zu ersteigen, stieg ich zu ihm hinab. Es war wie das Zusammenbrechen von Strukturen, wie der Einsturz eines Gebäudes. Ich erinnere mich, daß ich einmal den Gedanken hatte, es sei das Gegenteil einer vorzeitigen Ejakulation.

Ich hatte mir vorgestellt, Liebe zu machen sei eine Art

Frage und Antwortspiel, aber bei uns führte es nur zu weiteren Fragen, bis es so aussah, als hätten wir uns in eine philosophische Debatte verstrickt. Statt der sprichwörtlichen Trauer nach dem Sex empfand ich so etwas wie semantische Verzweiflung.

Unser sexueller Fortschritt erinnerte mich an eine Simultanübersetzung. Aber dann sprachen wir hie und da doch dieselbe Sprache; sie erlaubte uns, gleichzeitig zu ertönen, dieselbe Note zur selben Zeit anzuschlagen, und dann war es, als wäre ich plötzlich ein Klangkörper, der in der Stille laut widerhallen würde.

Wenn wir abends zu Hause blieben, saß ich mit einem Buch auf dem Schoß da und schaute Sheri beim Malen zu. Aber wenn sie hochguckte und mich lesen sah, legte sie ihren Pinsel weg und verschwendete ihre ganze Kunst an mich. Sie mißtraute Büchern. Ich sah sie nie eins lesen. Ich denke, sie glaubte, ich könnte in ihnen etwas finden, das mir einen Vorteil ihr gegenüber verschaffen würde, oder etwas, das ich gegen sie verwenden könnte.

Das gleiche Gefühl hatte ich bei ihren Bildern. Sie malte abstrakt, und ich konnte ihr dabei nicht folgen. Sie ließ mich außen vor wie einen Hund, den man an eine Parksäule bindet, wenn man in einen Laden geht. Ich habe mich bei abstrakter Malerei nie wohl gefühlt. Ich hatte kein Talent für Abstraktionen, sah ihre Notwendigkeit nicht ein, sah ihre Schönheit nicht. Wie der Liberalismus in der Politik klammerte die Abstraktion so viele Dinge aus, die ich mochte.

Wenn ich indessen Sheris Bilder verstünde, dachte ich, würde unser Sex besser sein. Wir würden dann auf derselben Bildebene existieren, uns gegenseitig Porträt sitzen, unsere

Formen und Farben mischen, Kompositionen entwerfen. Wir wären wie zwei Menschen, die durch eine Galerie oder ein Museum gehen und sich laut über dieselben Dinge ereifern.

Ich begann über abstrakte Malerei zu lesen. In der Bibliothek des *Museum of Modern Art* durchstöberte ich die Regale, betrieb Studien für mein neues Leben. Ich war zu der Auffassung gelangt, daß die moderne Kunst ein Initiationsritus war, mit dem dieses Leben begann, wie die Schikanen, bevor man in eine Studentenverbindung aufgenommen wird. Als ich das Brooklyn College besuchte, bedrängten mich alle, in die kommunistische Partei einzutreten, aber ich weigerte mich, weil ich dachte, es handele sich dabei um die langweilige Auseinandersetzung mit der Wirklichkeit. Die Auseinandersetzung mit der modernen Kunst lag mir mehr. Auch wenn ich es nie soweit brachte, sie zu mögen, gefiel mir die Art der Debatte, die um sie geführt wurde. Ich war beeindruckt von der rastlosen Unzufriedenheit, der Aggressivität, dem Geist und dem überzogenen Anspruch all dieser Theorien.

Ich entdeckte, daß man in der Kunst das eigene Leben widergespiegelt finden konnte, wenn auch verzerrt oder verfärbt. So blieb mir zum Beispiel ein Satz in einem Buch über Surrealismus im Gedächtnis haften: »Schönheit ist die zufällige Begegnung einer Nähmaschine mit einem Schirm auf einem Operationstisch.«

2

Mit Hilfe eines GI-Bill-Stipendiums, das meine Studiengebühren übernahm und mir einen Monatswechsel verschaffte, konnte ich mich an der New School for Social Research in der West Twelfth Street einschreiben. Ich hatte einige Semester auf dem Brooklyn College verbracht, bevor ich zur Armee ging, aber ich hatte mich dort gelangweilt, weil ich nicht wußte, was ich mit dem Gelernten anfangen sollte. Ich konnte keinen unmittelbaren Nutzen darin erkennen. Nun aber war die Universität zu besuchen Teil der Nachkriegsromanze. Studieren war fast schon Kunst. Die Welt war unser Atelier.

Wie das Village selbst hatte auch die New School 1946 ihre große Zeit. Nach einem Krieg empfindet man die Zivilisation als Luxus, und man ging in die New School wie auf eine Party, fast wie auf eine Auslandsreise. Bildung war damals chic und sexy, etwas das noch nicht jedem offenstand.

Die Leute in der Lobby der New School waren erregt, erwartungsvoll und tadellos gestylt. Sie warfen sich in Positur, bedachten einander mit kritischem Beifall. Es war, als hätten sie auf eine Kontaktanzeige mit dem Kennwort Kultur reagiert, alles Mögliche konnte daraus werden. Jung, attraktiv und hip, waren sie die amerikanische Elite. Für das Lokalkolorit sorgten ein paar junge Männer, die frisch aus der Armee kamen, noch in Khaki oder Arbeitsuniform, so wie Vorort-Damen, die im Tennisdreß einkaufen gehen.

Bekannt als die *Universität im Exil*, hatte die New School eine ganze Reihe von jüdischen und nichtjüdischen Professoren aufgenommen, die vor Hitler auf denselben Schiffen geflohen waren wie die Psychoanalytiker. Entweder weil sie selbst vertrieben worden waren, oder aus Ärger darüber, daß wir nichts von Geschichte verstanden, taten die Professoren ihr Bestes, uns zu Emigranten im eigenen Land zu machen. Während Psychoanalytiker in ihren Sprechzimmern mit all der Distanziertheit von Menschen, die Angst wirklich kannten, Amerikanern bei der detaillierten Wiedergabe ihrer Träume zuhörten, analysierten in den vollgepfropften Räumen der New School die Professoren dieselben Träume *en gros*.

In allen Seminaren, die ich belegte, ging es darum, *was falsch ist*: Was ist falsch an der Regierung, an der Familie, an der Persönlichkeitsstruktur und an den zwischenmenschlichen Beziehungen – was ist falsch an unseren Träumen, an unserer Liebe, an unserer Arbeit, an unseren Wahrnehmungen und Vorstellungen, an unserer Ästhetik, an der *condition humaine* überhaupt.

Die Professoren waren über die häßliche Wendung, die das Weltgeschehen genommen hatte, wütend, und sie stolzierten durch die Säle der New School wie durch ein Konzentrationslager, in dem wir die Opfer waren und sie die Wachen, die Sturmtruppen des Humanismus. Das Gebäude hallte von gutturalen Schlachtrufen wider: *Kunstwissenschaft*, *Zeitgeist* und *Weltanschauung*, *Gemeinschaft* und *Gesellschaft*, *Schadenfreude* und *Schwärmerei*. Ihr Akzent war so obskur, daß einige von ihnen Zungenreden zu praktizieren schienen, und die Studenten kaum ein Wort verstanden.

Wir bewunderten die deutschen Professoren. Wir hatten den Kampf gegen den Faschismus gewonnen, und jetzt würden wir mit ihrer Hilfe all die dunklen Mächte in der Kultur und Psyche niederringen. Als Reaktion auf unseren Sieg waren die feinfühligeren Amerikaner in eine apologetische Phase unseres nationalen Lebens eingetreten, und es gab nichts, was die Professoren hätten sagen können, was uns zuviel gewesen wäre. Wir verließen die Seminare mit Schmissen im Gesicht.

Ich belegte bei Erich Fromm einen Kurs über die Psychologie der amerikanischen Kultur. Obwohl er erst kurz hier war, kannte er Amerika besser als wir; er fühlte sich nämlich von Amerika seltsam berührt. Sein soeben veröffentlichtes Buch *Flucht aus der Freiheit* war eine Lobpreisung des lyrischen Pessimismus, auf die sich die Deutschen, wie Schopenhauer, Nietzsche oder Spengler, spezialisiert haben. Er saß auf einem Podium hinter einem Schreibtisch wie der Richter einer Strafkammer und fällte sein unerbittliches Urteil über uns. Wir wären nicht willens, so sagte er, die mit der Freiheit verbundene Angst zu akzeptieren. Ihm zufolge fürchteten wir die Freiheit und sahen in ihr nur Irrsinn, Amok laufende Erkenntnistheorie. Im Namen der Freiheit akzeptierten wir alles, was er sagte. Wir akzeptierten es, weil wir fanden, daß es gut klang – niemand wußte damals, daß wir am Ende mit unserem Versuch, aus der Freiheit zu flüchten, Recht behalten würden.

Fromm war klein und mollig. Seine Kinnbacken waren breiter als seine Stirn, und er erinnerte mich an eine brütende Henne. Und doch hörte ich seinen Vorlesungen, von Anfang bis Ende gebannt wie alle anderen zu. Ich werde nie den Abend vergessen, an dem er eine typische amerikanische Familie beschrieb, die einen belanglosen Sonntagnachmittagsausflug im Auto unternimmt, freudlos ihr Eis auf einer Autobahnraststätte ißt und träge wieder heimfährt. Fromm war einer der ersten – vielleicht überhaupt der erste –, der gegen die Sinnlosigkeit Front machte. Es war ein historischer Augenblick, wie die Entdeckung der Relativität durch Einstein oder der Moment, als Heidegger gegen das Nichts anging.

Ich studierte außerdem Gestaltpsychologie bei Rudolf Arnheim, was mich jedoch enttäuschte, wie ich gestehen muß. Mir schien, die Deutschen verfallen manchmal in eine Art erstarrtes Staunen über eine ganz gewöhnliche Erkenntnis und suchen sie dann zu einer Philosophie oder zu einem System zu erheben. Der Zusammenstoß mit einer bescheidenen Tatsache inmitten ihrer Abstraktionen war etwas, worüber sie einfach nicht hinwegkamen.

Die Gestaltpsychologen hatten entdeckt, daß das Ganze größer ist als seine Teile – etwas, was jeder schon wußte – und Arnheim verbrachte den größten Teil des Semesters damit, diese Erkenntnis zu beweisen. Ich wartete dauernd auf eine Weiterführung, aber er präsentierte immer nur neue Experimente, legte neue Beweise auf den Tisch. Sie beruhten ausschließlich auf Rattenversuchen. Wir sprachen nie über Menschen, nur über Ratten. In den Oberseminaren waren es dann Affen.

Max Wertheimer, der Vater der Gestaltpsychologie, hielt eine Gastvorlesung. Er war ein kleiner Mann, trug einen

Gehrock mit Schößen und hatte eine Bürstenschnittfrisur. Der Höhepunkt seines Vortrags war eine Demonstration der Gefordertheit, ein Schlüsselbegriff in der Gestaltpsychologie. Er bedeutete, wenn ich ihn richtig verstand, daß jedes Ding andere Dinge oder einen Kontext, so etwas wie einen Kontrapunkt von Strukturen, impliziert. Mit einem kleinen, selbst erfundenen Experiment zeigte er uns, was er meinte. Zunächst brachte er uns bei, einen komplizierten afrikanischen Rhythmus mit den Händen zu klatschen, und dann, als er uns soweit hatte, fiel er mit einem geisterhaften Geheul als Begleitung in unser Klatschen ein.

Ich besuchte eine Sondervorlesung von Karen Horney über weibliche Psychologie. Wie Fromm hing Horney dem freudianischen Revisionismus an. In einem ihrer Bücher hatte sie geschrieben, daß der Neurotiker gewissermaßen gesünder sei als die sogenannte normale Person, weil er »protestiere«. Protestieren war wie Zeugnis ablegen. Da alle auf der New School sich für neurotisch hielten – es nicht zu sein, war nicht akzeptabel –, war Horneys Botschaft genau das, was wir hören wollten.

Ich habe von der Vorlesung nicht viel behalten, aber sie hatte ein unvergeßliches Nachspiel. Eine Frau mit einem über die Schultern drapierten Pelzmantel erhob sich von ihrem Sitz und stellte eine Frage. Aber was ist mit dem Penisneid?, sagte sie. Sie haben nichts über den Penisneid gesagt.

Es war wie ein Schock; Stille trat ein. Es war wie damals in meiner Kindheit, als jemand in einem Nachbarschaftskino eine Stinkbombe losließ. Horney saß einfach auf dem Podium, ohne ein Wort zu sagen, und schaute die Frau an wie ein Analytiker einen hoffnungslosen Fall, den er wider besseres Wissen als Patienten angenommen hat.

Ihr Gesicht schien anzuschwellen. Sie hob eine Hand über den Kopf und dann die andere, als wollte sie versuchen, aus dem Auditorium und aus der New School hinauszuklettern. Dann ballte sie die Hände zu Fäusten und ließ diese auf den Schreibtisch donnern. Was damit ist? sagte sie. Ihre Stimme ging in ein Kreischen über. Was damit ist? Ich habe keinen Penis. Können Sie mir einen geben?

Später, als ich wieder daheim in der Wohnung wie gewohnt in meinem Stuhl saß und Sheri beim Malen zusah, dachte ich über Horney nach und fand, daß es eine ganze Menge anderer, treffenderer Dinge gab, die sie der Frau hätte sagen können. Sie hätte zum Beispiel sagen können, warum denken alle, daß es so phantastisch ist, einen Penis zu haben? Ich selbst zum Beispiel hatte einen Penis, aber das half mir in diesem Augenblick nicht, mir vorzustellen, was in Sheris Kopf vorging, während sie ein zackiges Feld auf der Leinwand mit schmutziger grüner Farbe ausfüllte. Für die Aufgabe mit dem Leben zurechtzukommen, schien mir der Penis ein sehr primitives Instrument zu sein. Außerdem lag Horney falsch. Sheri hatte einen Penis, denn der meine gehörte ihr mehr als mir.

3

Ich hatte noch nicht lange mit Sheri zusammengelebt, als Dick Gilman versuchte, sie mir auszuspannen. Dick machte aus seinen Absichten überhaupt keinen Hehl. Er kam eines Abends ganz einfach in die Wohnung herüber und legte dar, daß nicht ich, sondern er der Richtige für Sheri sei.

Die Bemerkungen, mit denen er seine Darlegungen eröffnete, waren so elegant, so hermeneutisch, daß ich anfangs nicht durchschaute, daß er über mich sprach. Dick bezog sich kaum jemals auf wirkliche Personen, und mein erster Eindruck war, daß er einen unbefriedigenden Charakter in einem Roman beschreiben wolle.

Als ich schließlich verstand, was hier vorging, war ich eher überrascht als verärgert, weil ich Dick als Freund betrachtete. Ein Freund konnte sich unmöglich so verhalten. Was er sagte, klang jedoch genauso wie unsere freundschaftlichen Diskussionen über Bücher auf dem Washington Square oder im San Remo. Und es war dieses Verwischen von Grenzlinien, was mich verwirrte.

Dick war in mehr als einer Hinsicht skurril. Bei seiner Lektüre zum Beispiel war er seriell monogam. Er verliebte sich in einen speziellen Autor und blieb ihm treu, indem er alles über und von ihm las. Er wurde wie dieser Autor, er sprach so wie er, dachte wie er und kleidete sich womöglich auch so. Wenn Dick herausfinden konnte, was sein aktueller Favorit gegessen und getrunken hatte, aß und trank er dies auch. Er übernahm seine politischen Überzeugungen, seine Ansichten, seine exzentrischen Gewohnheiten. An einem bestimmten Punkt seiner D. H. Lawrence-Phase – das war nach der Yeats-Phase und auch nach der Auden-Phase – reiste Dick tatsächlich nach Mexiko und versuchte, die Fußspuren von Lawrence im Staub zu finden.

Er war ein sehr rascher Leser, so daß diese Liebesaffären fast so schnell gingen, wie sie kamen. Kein Autor kann diese Form von Identifikation längere Zeit überleben. Als Dick in die Wohnung kam, war er noch in seiner Lawrence-Phase, so daß er sich vielleicht vorkam, als würde er Ernest Weekly Frieda ausspannen. Hatte er sich am Ende in Sheri so verliebt wie in Lawrence und Yeats und Auden?

Wie auch immer, Dick war ein ernstzunehmender Rivale, ein brillanter Redner, ein attraktiver Mann. Er hätte vielleicht sogar gut ausgesehen, hätte er nicht diesen etwas eitlen Gesichtsausdruck gehabt, angesichts all der Bücher, die er gelesen hatte. Wie der Village-Dichter Harold Norse sagte: »Dick war erst einundzwanzig und hatte mehr Bücher gelesen als Hemingway.«

Er hatte mir gesagt, er würde zu uns kommen, und ich dachte, er wollte sich näher mit uns anfreunden, da er eher zurückhaltend war und uns vorher nie besucht hatte. Nun war er da, und ich bot ihm ein Bier an und bat ihn, sich zu setzen, aber er lehnte beides ab, wie ein Polizist im Dienst, der weder trinken noch sich setzen darf.

Er begann mit einem Prolog oder einem Prolegomenon. Er sagte, er habe seine Beweggründe geprüft und sei überzeugt, daß sie uneigennützig seien. Einen Augenblick lang dachte ich, er würde als nächstes sagen, er sei, wie die Kunst, ein der Natur vorgehaltener Spiegel. Statt dessen sagte er, ich sei nicht ernsthaft. Meine Beziehung zu Sheri, sagte er, sei inkongruent. Zu dieser Zeit standen wir alle sehr unter dem Einfluß von der Idee der Inkongruenz in der Kunst. Aber während in der Kunst Inkongruenz gut war, war sie im Leben offenbar schlecht.

Wir waren in der Küche. Eine Art Taktgefühl hinderte Dick, weiter in die Wohnung vorzudringen. Ich hatte einen Stuhl genommen, und Sheri lehnte sich an die Metallabdeckung der Badewanne, während Dick zwischen der Spüle und dem Ofen auf und ab schritt. Sie waren nur drei oder vier Schritte voneinander entfernt, so daß er dauernd herumwirbelte. Er ähnelte einem Dozenten vor einem Kurs oder einem peripatetischen Philosophen. Zweifellos hatte er Nietzsche gelesen, der sagt, daß einem die besten Gedanken beim Gehen kommen.

Da er Wörter wie *nicht zumutbar* verwendete, klang es, als empfehle er sich Sheri als Kritiker, nicht als Liebhaber. Er gestikulierte heftig und hieb mit steifen Fingern in die Luft wie jemand, der beim Einparken hilft. Er hatte eine ziemlich hohe, gebrochene Stimme, die Stimme eines brillanten Redners, und ich lauschte mit unbeteiligter Faszination seiner Darlegung, seine Sensibilität sei wesentlich größer als die meine.

Wie wenig er über uns wußte! Er glaubte tatsächlich, ich würde mit Sheri nur herumspielen und sie ausnutzen. Als er unaufhörlich fortfuhr, Anklagen zu konstruieren und Vorbehalte übereinanderzutürmen, wurde ich langsam wütend.

Zur Hölle damit, dachte ich. Ich hätte ihm eine aufs Maul geben müssen. Aber ich konnte es nicht. Er hatte die Situation in ein Seminar verwandelt, und in einem Seminar kann man niemanden schlagen. Außerdem redete er so wohlgesetzt – ich hätte der Literatur aufs Maul gehauen. Und er hatte eine entwaffnende Art, an mich zu appellieren – an mich! –, ihm in dem oder jenem Punkt recht zu geben. Er rief mich gegen mich selbst in den Zeugenstand.

Obwohl er mich direkt ansprach, denke ich nicht, daß er mich sah, während er auf und ab marschierte und dabei meine Versäumnisse aufzählte. Er war zu sehr von seinen Argumenten eingenommen. Mir ging es nicht anders, sie waren so überzeugend, daß selbst ich ihnen zu folgen begann. Ja, dachte ich, wahrscheinlich ist es wahr, ich bin nicht der Richtige für Sheri. Sie war zuviel für mich. Aber deshalb wollte ich sie, deshalb mußte ich sie behalten. Während Dick das Leben beschrieb, das sie mit ihm führen könnte, beschloß ich, alles zu tun, was er aufzählte, wenn sie bei mir bliebe.

Dick beendete seinen Vortrag mit einer glänzenden Tirade voller verschiedener treffender Topoi, wie mit den Kadenzen einer klassischen Symphonie. Er schnaufte und lächelte ein wenig, wie über ein gelungenes Stück Arbeit. Man konnte ihm unmöglich böse sein. Gott segne ihn, er dachte, eine Frau wäre eine Art Buch.

In der darauffolgenden Stille schien es mir, als müßte jemand Beifall klatschen. Ich schaute Sheri an, die sich die ganze Zeit nicht bewegt hatte. Ihr Gesicht war unentzifferbar. Sie war eine wunderbare Schauspielerin und wußte die Spannung zu halten. Dann veränderte sie sehr überlegt die Positur, in der sie an der Badewanne lehnte, so daß ihre Haltung eine Spur nonchalanter wirkte. Ich begriff als erster, was los war, und als ich anfing zu lachen, rannte Dick Türen knallend aus der Wohnung. Man konnte ihn noch die Eisentreppen hinunterwummern hören, als ich Sheri auf den Badewannendeckel hob.

Das Verwunderlichste bei einem Rückblick auf das eigene Leben ist die ursprüngliche Fähigkeit, an etwas zu glauben. Älter werden heißt, diese Fähigkeit verlieren, aufhören an etwas zu glauben, oder unfähig werden, an etwas zu glauben. Als Nemecio Zanarte einige Wochen später in die Wohnung kam und Dicks Darbietung wiederholte, glaubte ich zunächst, auch er hätte sich wie Dick einfach in Sheri verknallt.

Nemecio war ein chilenischer Maler. Er war groß, dunkel, dünn, und in seiner unbeugsamen, leidenden, aristokratischen Art, wie sie scheinbar nur reine Spanier besitzen, sah er sehr gut aus. Seine hohe, schmale Nase und seine tiefen Augenhöhlen waren so wundervoll geschnitten wie das Porträt eines Kardinals oder eines Papstes von El Greco. Ich stellte mir sogar Nemicios Füße so schön vor, wie die eines gekreuzigten Christus auf einem Tafelbild des zwölften Jahrhunderts.

Seine Stimme war sanft, tief und kultiviert, und seine Manieren erzählten die Geschichte der Zivilisation. Und dennoch stand er hier, wie ein Priester der Inquisition, drang ein in das, was nun mein Zuhause war, und teilte mir mit, daß es meine Pflicht als Gentleman sei, mich zurückzuziehen und Sheri ihre Freiheit zu geben. Sein Englisch war nicht fließend, und er sagte, »der Sheri ihre Freiheit zu geben«.

Ich fühlte mich verfolgt. Dick ließ sich noch als eine Art literarischer Irrtum – als Fehlinterpretation? – deuten, aber Nemicio nicht. Damit dieser ausgesucht höfliche Mann tun konnte, was er tat, mußten meine Versäumnisse wahrlich gravierend gewesen sein. Was war an mir, grübelte ich, das jeden auf die Idee brachte, sich in mein Leben einzumischen? Betrug ich mich wirklich so schlecht? Konnte es sein, daß die Leute in Sheri tatsächlich eine Madonna aus dem Quattrocento sahen?

Nemicio besaß wenigstens den Anstand, so zu wirken, als fühle er sich nicht wohl in seiner Haut. Persönlich, sagte er, finde er mich sympathisch – das sei nicht das Problem, das Problem sei die Symmetrie. Zwischen Sheri und mir herrsche nicht die notwendige Symmetrie. Seine langen, graziösen Finger bewegten sich, während er sprach, als probiere er Handschuhe an. Alles, was er sagte, hätte direkt von Lorca stammen können, aber sein mangelhaftes Englisch verdarb den Effekt. »Warum gehst du nicht?« sagte er. »Als Gentleman mußt du gehen.« Immer wieder kam er auf dieses »Warum gehst du nicht?« zurück. Als Rhetor hatte er nicht Dicks Klasse.

Er schweifte ab und wiederholte sich; Gefühle schienen ihn zu verwirren. Sein Englisch wurde unsicher, und er flocht spanische Brocken ein. Ich konnte ein wenig Spanisch, und seine Aussprache war so rein, daß ich das meiste von dem, was er sagte, erraten konnte. Auf einem bestimmten Niveau ähneln sich alle Sprachen, wenn es um Liebe, Ehre und Gewissen geht.

Auf spanisch war Nemicio sehr viel besser. Er verstand es, aus dem Wort *consideración* ein moralisches Drama zu machen. *Apesadumbrar*, was »kränken, peinigen oder betrüben« bedeutet, war ebenfalls ein wunderschönes Wort, aber gekränkt wurde nicht Sheri, sondern ich. Und jedesmal wenn Nemicio das Wort *caballero* benutzte, wollte ich sagen, Aber ich bin ein *caballero sin caballo.*

Ich hatte in der Schule Spanisch gelernt und meine Kenntnisse in Spanish Harlem aufgefrischt, wo ich regelmäßig zur Park Plaza in der 110th Street ging und Musik hörte. Wenn die Band ein besonders gutes Stück spielte, schrie die ganze Zuhörerschaft jedesmal *¡Fenómeno!* oder *¡Arrolla!*, was »im Kreis herumwirbeln oder sich drehen« bedeutet. Ohne Überlegung schrie ich nun: *¡Fenómeno!, ¡Arrolla, hombre!, ¡Así se habla!*

Nemecio sah mich erstaunt an. Ihm war nicht klar, daß ich Spanisch sprach, und das warf ein völlig neues Licht auf die ganze Angelegenheit. Ich war eine Art Blutsbruder, ein zivilisierteres Wesen, als er vermutet hatte. Er spürte, daß eine Fortsetzung des Betrugs jetzt unmöglich war. Er sah Sheri stumm und flehentlich an. Er ähnelte einem edlen Hund, einem Afghanen oder Saluki.

Sogar ich, verblendet wie ich von ihr war, konnte sehen, daß sie ihn dazu gebracht hatte. Nach Dick war sie auf die Idee gekommen, Nemecio zu bitten, herüberzukommen und mich schlecht zu machen. Möglicherweise hatte sie auch Dick schon angestiftet.

Nemecio gab auf. Er ließ den Kopf hängen wie eine Blume. *Perdóneme*, Anatole, sagte er. Ich war ein Dummkopf.

Um ein Dummkopf zu sein, muß man ein anständiger Kerl sein, sagte ich. Ich war so erleichtert, daß ich seine Hand ergriff und drückte. Und dann war er weg.

Gut, dachte ich, und jetzt? Wieder auf den Badewannendeckel? Nein, auf keinen Fall. Ich war nicht bereit, so mit mir spielen zu lassen. Ich spielte nicht mehr mit. Ganze fünf Minuten lang spielte ich nicht mehr mit.

4

Fünf oder sechs Wochen nachdem ich bei Sheri eingezogen war, machte ich in der Cornelia Street einen Buchladen auf. Den Entschluß dazu hatte ich in meiner Zeit bei der Armee gefaßt. Das Startkapital hatte ich auf dem Schwarzmarkt in Tokio verdient, wo eine GI-Ausgeh-Uniform 120 Dollar brachte. Ich überlegte, was ich mit dem Geld tun könnte.

Ich hatte Nachtschicht im Hafen von Yokohama und war einsam, durchfroren und gelangweilt. Yokohama war ein trauriger Ort; Bomben hatten ihn dem Erdboden gleichgemacht, und die Einwohner lebten in Hütten, die sie auf den Trümmerfeldern errichtet hatten. Da sie diese Trümmerbuden nicht abschließen konnten, nahmen sie ihre ganze Habe mit, wenn sie ausgingen. Sie trugen ihr ganzes Leben auf dem Rücken, verhüllt in eine übelriechende Decke oder in einem Sack, so daß sie aussahen, als hätten sie einen Buckel.

Meine Einheit, ein Versorgungsbataillon, war gleich nach McArthur eingetroffen, und meine erste Arbeit als Dock-Offizier bestand darin, eine feste Kruste Scheiße auf einem eine viertel Meile langen Dock abzukratzen. Mir war anfangs nicht klar, daß es menschliche Scheiße war. Wie ich später herausfand, hatten die japanischen Hafenarbeiter und die Soldaten, die eingeschifft wurden, am Ende für zarte Empfindungen keine Zeit mehr und hatten sich einfach hingehockt, wo sie gerade standen. Das gesamte Dock war mit einer Schicht bedeckt, die so hart war wie Ton, den Regen und Verkehr festgepreßt hatten.

Meine Kompanie von 220 Mann hatte den Auftrag 1500 Japaner zu überwachen, die das Zeug geradezu weghacken mußten. Wir statteten sie mit Äxten, Schaufeln, Schmiedehämmern, Pickeln und Kuhfüßen aus – mit allem, was wir finden konnten. Wir hatten keine Bagger. Sie hackten und kratzten drei Tage lang, und dann spritzte das Sanitätskorps das Dock mit Chemikalien ab.

Auf diesem Dock, auf dem die Chemikalien noch zu riechen waren, hatte ich nachts beim Dienst die Idee mit dem Buchladen. Ich beaufsichtigte zwei Gruppen, die eine Schiffsladung löschten, und lehnte mich an die Reling, unter den gelblichen Bogenlampen. Es war etwa drei Uhr morgens, und ich hatte das Gefühl, eine Million Meilen von zu Hause, von überall entfernt zu sein. Um irgend etwas zu tun, dachte ich über Bücher nach; ich wollte sehen, ob es mir gelingen würde, einzelne Passagen oder ganze Gedichte aus dem Gedächtnis zu zitieren, wie das manche können.

Meist waren es nur einzelne Zeilen, an die ich mich erinnerte, vielleicht weil ich müde war. Wallace Stevens war mein Lieblingsdichter, und ich murmelte ein paar Stellen aus seinen Büchern vor mich hin: »Too many waltzes have ended.« – »Apostrophes are forbidden on the funicular.« – »The windy sky cries out of literate despair.« – »These days of desinheritance we feast on human heads.« Mitten in der Nacht, an diesem fremden Ort, beruhigte mich der Gedanke, daß es auf der Welt Menschen gab, die sich die Mühe machten, solche Dinge zu schreiben. Dies war eine andere, wunderbare Art von Wahnsinn; der Wahnsinn der Armee lag am anderen Ende des Spektrums.

Wir entluden Kisten mit Kondensmilch, und während ich zusah, wie eine Palette über die Reling geschwenkt wurde, dachte ich, daß ich einen Buchladen im Village aufmachen würde, wenn ich nach Hause käme. Es sollte ein Antiquariat sein, spezialisiert auf die Literatur des zwanzigsten Jahrhunderts. Ich erinnere mich, daß diese Vorstellung mir ein Gefühl von Wärme gab. Ich nahm die Hände aus den Taschen und preßte sie zusammen. Einen Buchladen aufzumachen ist eine klassische romantische Vorstellung, wie zur See zu fahren oder um die Welt zu segeln.

Nachdem ich ein paar Monate gesucht hatte, kaufte ich einem alten italienischen Trödler in der Cornelia Street den Laden ab. Ich zahlte ihm 300 Dollar und erklärte mich bereit, sein Lager in die neuen Räume zu bringen. Ich mietete einen Lastwagen, und wir trugen alte Boiler, Heizkörper, Badewannen, Waschbecken, Rohre aller Größen und alle möglichen Metallteile und -stücke aus dem Laden.

1946 war eine gute Zeit für einen Secondhand-Buchladen; alles war vergriffen, und die Paperback-Revolution hatte noch nicht begonnen. Die Menschen hatten im Krieg die Bücher vermißt, und es war wie ein Wiedersehen nach langer Zeit, so wie wenn alte Freunde oder Liebespaare sich wieder treffen. Jetzt hatte man wieder Zeit für alles, und der Bücherkauf wurde zum populären Nachkriegshobby. Für junge Leute, die gerade von zu Hause weggezogen waren, um im Village zu leben, waren Bücher so etwas wie Puppen oder Teddybären oder Familienporträts. Sie belebten das Zimmer.

Als ich Brooklyn verließ, um im Village zu leben, hatte ich das Gefühl, einen ganzen Haufen neuer Verwandter erworben zu haben, überraschend viele Onkel, denen ich vorher nie begegnet war, Männer, die an seltsamen Orten wohnten, manchmal im Ausland, die das Familienleben gemieden hatten und ihrerseits gemieden worden waren, ein Mittelding zwischen schwarzem Schaf und einer paradoxen Sorte von verlorenem Sohn. Der Ruch des Skandals, oder zumindest der Zweideutigkeit, umgab diese Onkel, so als wären sie mit der Frau oder der Tochter von jemandem durchgebrannt. In ihrer Vergangenheit gab es eine dunkle Stelle, irgendwie etwas Ungesundes, ja etwas, was auf Wahnsinn hindeutete.

Diese Onkel waren natürlich meine Lieblingsautoren, die Schriftsteller, die ich am meisten bewunderte. Ich hatte das Gefühl, sie warteten auf mich, fast als riefen sie nach mir. Sie waren realer als alles, was ich kannte, so real, wie es nur eingebildete Dinge sein können, real wie Träume, die gerade deshalb so unerträglich wirken, weil sie von allen Belanglosigkeiten geläutert sind. Diese Onkel, diese Bücher, strömten in das Vakuum meiner Imagination.

Sie waren meine ganze Familie, die einzige, die ich jetzt hatte und wollte. Mit ihnen konnte ich meine beschämend gewöhnliche Geschichte gegen einen bunten Strauß von Fiktionen eintauschen. Ich konnte ein hypothetisches Leben führen, unbelastet von Erinnerungen, Loyalitäten oder Ressentiments. Der erste Impuls der Pubertät ist der Wunsch, ein Waise zu sein oder jemand, der sein Gedächtnis verloren hat. Niemand im Village hatte eine Familie. Wir waren alle unserer eigenen Stirn entsprungen, spontan entstanden, so wie man sich einst die Entstehung von Fliegen dachte.

Ich sah das Tragische an meiner Familie noch nicht: Ich sah in ihr noch eine Farce, meine lachhafte Vergangenheit. In meiner neuen Inkarnation, in den Büchern, konnte ich mich halbwegs heroisch, fast tragisch geben. Ich konnte glücklich sein, zum ersten Mal, in meiner Tragödie.

Mir ist klar, daß die Menschen heute immer noch Bücher lesen und daß es auch noch Büchernarren gibt, aber was wir 1946 im Village für Bücher empfanden – ich spreche jetzt von mir und meinen Freunden –, ging über Liebe hinaus. Es war, als hätten wir nicht gewußt, wo Bücher anfangen und wo sie enden. Bücher waren unser Wetter, unsere Umwelt, unsere Kleidung. Wir lasen sie nicht nur; wir wurden zu Büchern. Wir nahmen sie in uns auf und formten aus ihnen unsere Geschichten. Es wäre einfacher zu sagen, wir hätten uns in die Welt der Bücher geflüchtet, aber in Wahrheit hatten die Bücher von uns Besitz ergriffen. Bücher waren für uns, was die Drogen für junge Männer in den sechziger Jahren waren.

Sie zeigten uns, was möglich war. Wir hatten mit dem gelebt, was gerade zur Hand war, mit dem Gegebenen, die Bücher führten uns in weite Fernen. Wir hatten nur heimische Gefühle gekannt, und die Bücher zeigten uns, was mit Gefühlen geschieht, wenn sie heimatlos sind. Die Bücher gaben uns Halt – junge Menschen sind so unausgeglichen, daß jede Kleinigkeit sie zu Fall bringen kann. Die Bücher stabilisierten uns; es war, als trügen wir eine schwere Tasche in jeder Hand, Taschen, die uns im Gleichgewicht hielten. Sie verliehen uns Schwerkraft.

Wären die Bücher nicht gewesen, wir wären dem Sex völlig ausgeliefert gewesen. Es gab kaum etwas anderes, was stark genug war, uns davon abzulenken oder abzubringen; wir wären vor Gier auf allen vieren gekrochen, wir hätten uns ununterbrochen vor Verlangen gewunden. Die Bücher ermöglichten es, uns selber als Romanfiguren zu betrachten – ja, wir waren Romanfiguren! –, und das gab uns eine gewisse Kontrolle.

Wir lasen zwar alle möglichen Bücher, aber nur eine Handvoll Autoren waren die Onkel, die unsere Familie ausmachten. Für mich waren das Kafka, Wallace Stevens, D. H. Lawrence und Céline. Ihre Bücher waren die, die ich mochte, die ich las, und da sie nur ein paar Regale füllen konnten, ging ich zur Fourth Avenue hinüber, wo ein Buchladen sich an den andern reihte, und kaufte Bücher nach Titeln, nach Themen, nach dem Einband oder nach Verlagen. Ich bekam einen zwanzigprozentigen Händler-Rabatt und dachte mir, ich könnte meinen Kunden für den angenehmen Umstand, diese Bücher in einem sauberen, gut beleuchteten Laden zu finden, fünfzig Cents oder einen Dollar extra berechnen. Obwohl ich nie Balzac gelesen hatte, kaufte ich eine fünfzigbändige rotgebundene Goldschnitt-Ausgabe seiner Romane, die ich für nur neunzehn Dollar bekam.

Die Leute im Village, die mehr Bücher als Geld hatten, sprach ich in den literarischen Vierteljahreszeitschriften an. Wie jemand, der einen Hund kaufen will, versicherte ich ihnen, ihre Bücher würden bei mir ein schönes Zuhause finden. Aber dieses Geschäft stand unter keinem guten Stern, denn viele dieser Menschen litten an Trennungsängsten. Die einen deprimierte es, ihre Bücher herzugeben, und sie tendierten dazu, sie unterzubewerten, während andere, die in einer eher hysterischen Stimmung waren, so enorme Summen verlangten, als ob es ihre Seelen wären, die sie verkauften. Ein nicht mehr lieferbares Buch mit einem Preis auszuzeichnen, ist eine der schärfsten Formen der literarischen Kritik.

Da man sah, wie jung ich war, gab mir jeder gute Ratschläge. Kauf Christopher Caudwell, hieß es. Kauf Kenneth Burke, William Empson, F. R. Leavis, Paul Valéry. Kauf Nathanael West, Céline, Unamuno, Italo Sveo, Hermann Broch, *Das Ägyptische Totenbuch.* Edward Dahlberg, Baron Corvo, und Djuna Barnes – die auch. Aber vor allem, um jeden Preis, sollte ich Kafka kaufen. Kafka war im Village damals so populär wie einst Dickens im viktorianischen London. Aber seine Bücher waren sehr schwer aufzutreiben – sie mußten in sehr kleiner Auflage gedruckt worden sein. Ständig kamen Leute an, die mit wildem Blick, fast mit Schaum vorm Mund, bereit waren, für Kafka jeden Preis zu bezahlen.

Literaturkritik war *en vogue*. Randall Jarrell erzählte, daß es Leute gab, die in Fragen der Lebensführung ihre Lieblingskritiker konsultierten, wie einst einen Pfarrer. Der Krieg hatte einen bitteren Nachgeschmack hinterlassen, und Literaturkritik ist die Kunst, Bitterkeiten abzuschmecken.

Ein dünner, intensiver junger Mann mit Schnurrbart kam in den Laden und gab mir eine Lektion in bibliophiler Etikette. In einem Buchladen, sagte er, sollte eine fast kirchliche Atmosphäre herrschen. Man sollte darin den Geruch oder den Duft ausgelöschter Kerzen, Kühle, das Ruhen eitlen Tuns, ja Zerknirschung verspüren. Er schaute auf die Regale, den Boden, die gestanzte Zinndecke. Hier ist es zu sauber, sagte er, zu heiter.

Ich hatte mir ausgemalt, ich würde in meinem Laden sitzen wie der heilige Hieronymus im Gehäuse, über Bücher gebeugt, mit dem gezähmten Löwen der besiegten Ruhelosigkeit zu Füßen. Meine Kunden würden in beflissenem Schweigen kommen und gehen und nur kurz, mit abgewandtem Blick, verharren, um das Geld auf meinem Schreibtisch zu hinterlassen. Aber es kam anders. Für viele Menschen ist ein Buchladen die letzte Zuflucht, eine moralische Absteige, das hatte ich mir nicht klargemacht. Viele meiner Kunden gehörten zu der Sorte von Menschen, die erst dann in einen Buchladen gehen, wenn alle anderen Versuche, sich zu zerstreuen, fehlgeschlagen sind. Wer keine Freunde, keinen Spaß, keinen Rückhalt hatte, kam zu mir. Sie kamen, um die Schrift an der Wand, die neuesten schlechten Nachrichten zu lesen. Sie musterten die Regale wie Leute, die Namen auf einem Kriegerdenkmal studieren.

An der Art, wie eine bestimmte Person ein Buch vom Regal nahm, wie es geöffnet und beschnüffelt wurde, war etwas, was in mir den Wunsch erweckte, es dem Betreffenden aus der Hand zu reißen. Andere wieder griffen zu Büchern, die ganz offensichtlich ihr Fassungsvermögen überstiegen. Ich konnte an ihren Gesichtern, ihren Kleidern, ihren Manieren, an der Art, wie sie sich bewegten, ablesen, daß sie das Buch mißverstehen oder von ihm nichts haben würden. Oft ist die Person, die ein Buch kauft und vorgibt, es mit Genuß zu lesen, exakt der Typ, der in dem Buch karikiert oder angegriffen wird. »Wenn eine Person von durchschnittlicher Intelligenz und unzulänglicher literarischer Ausbildung eines meiner Bücher öffnet und vorgibt, seine Freude daran zu haben, muß ein Irrtum vorliegen«, sagte Mallarmé. »Die Dinge müssen wieder an ihren Platz.«

Es waren die Schwätzer, die mir den größten Ärger machten. Wie die Leute, die mir ihre Bücher verkauft hatten, wollten die Schwätzer mir ihr Leben, die Vorstellungen, die sie von sich selbst hatten, ihre Philosophien verkaufen. Sie nahmen sich ein Beispiel an den Autoren in den Regalen – vielleicht waren sie auch von ihnen angesteckt – und erzählten mir von ihren Familien, ihren Liebesaffären, ihren Wunschträumen und Enttäuschungen. Ich war entrüstet. Fast hätte ich gesagt: Einen Moment! Ich habe schon genug Geschichten hier! Schauen Sie sich die Regale da an!

Während ich so tat, als hörte ich zu, fragte ich mich, was realer war – sie oder die Geschichten in den Regalen. »Der gewöhnliche Mensch macht aus dem Helden etwas Künstliches«, heißt es bei Wallace Stevens. Mit ihren gewöhnlichen, alltäglichen Geschichten nahmen manche dieser Schwätzer die Richtung vorweg, die die amerikanische Literatur schließlich auch einschlagen sollte – weg vom Heroischen, Überlebensgroßen, hin zum Gewöhnlichen, zur Miniatur.

Während sie weiterschwafelten, dachte ich an all den Schrott, den ich aus dem Laden getragen hatte – die Boiler, die Badewannen und Heizkörper. Diese Leute schleppten alles wieder an, das ganze Zeug, die abgeworfenen Enden und Reste ihres Lebens. Das war mehr, als ich mir hatte einhandeln wollen. Die Literatur war schwierig genug mit ihrer grellen Traurigkeit, aber dieser Mischmasch – dieser ordinäre Liebeskummer –, das war mir zuviel. Im Kampf zwischen dem Leben und der Literatur siegt immer das Leben.

5

Sheri nahm mich mit zu Anaïs Nin, die damals im Village wohnte. Ihrem Tagebuch zufolge, das Jahre später veröffentlicht wurde, hatte Anaïs Sheri spirituell adoptiert. Sie beschrieb sie als den Geist ihres eigenen jüngeren Selbst, sie sprach von Sheri als ihrem Apostel. »So treten sie«, schrieb sie, »alle aus den Geschichten, aus den Romanen heraus, angezogen durch Ähnlichkeiten, durch vergleichbare Charaktere.« Sheri war »ein armes, verwaistes Kind … flehend, verwundet, verwundbar, atemlos«. – »Sie spricht, wie ich schreibe, als ob ich eine Sprache für ihre Gefühle geschaffen hätte.«

Die Wohnung von Anaïs lag im obersten Stock, in einem Haus ohne Lift in der Thirteenth Street. Alle Bekannten von Sheri wohnten im obersten Stock, wahrscheinlich weil es billiger war, ich aber sah in ihnen Wesen, die darum kämpften, ans Licht zu kommen. Neben Anaïs und ihrem Gatten Ian Hugo, einem angenehmen zurückhaltenden Mann, gab es noch ein junges Paar, an dessen Namen ich mich nicht mehr erinnere. Der junge Mann hielt eine Gitarre auf den Knien, aber man konnte sehen, daß er sie nie spielen würde, daß sie nur Teil einer Komposition war, wie die Gitarren auf kubistischen Gemälden.

Obwohl ich noch nichts von Anaïs gelesen hatte, hatte ich doch von ihr gehört. Es hieß, sie und Henry Miller hätten einst auf einem Hausboot auf der Seine gewohnt. Später sollte ich erfahren, daß sie sich Otto Rank geangelt hatte, der sie angeblich zur Psychoanalytikerin ausbildete, und sie darum bat, seine fast unlesbaren Bücher umzuschreiben. In New York hatte sie eine seltsame Bekanntschaft mit Edmund Wilson. Nachdem Mary McCarthy ihn verlassen hatte, verknallte er sich in Anaïs und nahm sie in seine Wohnung auf, die Mary sämtlicher Möbel beraubt hatte. Immer wenn er einen Roman von ihr besprach, konnte man sehen, wie er zwischen seinem Verlangen nach ihr und seinem Geschmack hin- und hergerissen war. Aber wie immer behielt sie das letzte Wort – in ihrem Tagebuch. Sie faßte den gemeinsam verbrachten Abend so zusammen: »Ich sollte ihm helfen, sein Leben neu zu gestalten, ihm helfen, eine neue Couch zu kaufen … Aber ich wollte weg.«

Anaïs war eine mittelgroße Frau mit einem sehr bleichen Gesicht, das dem einer japanischen Schauspielerin glich. Sie sah klassisch aus, in einer Weise, die heute erstarrt wirkt. Ihr Haar war dunkel, glatt, in der Mitte gescheitelt und straff nach hinten gekämmt. Ihr Lippenstift war exakt aufgetragen, ihre Augenbrauen waren wegrasiert und mit dem Stift aufgemalt, so daß der Eindruck entstand, sie hätte ihr eigenes Gesicht erschrieben. Ihre Figur war schlank, aber ohne Elastizität, und ihre Bewegungen waren gewollt und abgehackt. Sie war auf ihre Art hübsch, wie eine Frau in einem alten Schwarzweißfilm. Sie hatte etwas von einem Vamp und wurde später tatsächlich so etwas wie eine Theda Bara der modernen Literatur.

Es war unmöglich, ihr Alter zu erraten. Ihre Zähne wirkten falsch, und ihr Gesicht war von einer überraschenden Glätte, als wäre es geliftet worden, aber das hielt ich für unwahrscheinlich. Möglicherweise hatte sie es kraft schierer Willensanstrengung selbst geliftet.

Dennoch war sie auf ihre Art eine eindrucksvolle, suggestive Erscheinung. Sie erinnerte mich an die melancholischen Pariser Hotels einer Literatur des Exils, und ich konnte sie mir gut vorstellen, wie sie, in einen zweifelhaften Pelz gehüllt, trotzig oder sorglos, in einem Café saß. Im Bett mit Henry Miller konnte ich sie mir weniger gut vorstellen, aber das mag an ihm gelegen haben.

Eine Aura umgab sie, eine Stimmung, als hielte sie eine Séance ab. Die Atmosphäre war mit ihrer Energie aufgeladen. Als sie mir ihre Hand gab und mir suchend in die Augen blickte, konnte ich spüren, wie sie ein Bild von sich auf mich projizierte, etwas Französisches, etwas von Flamenco, einen Schuß Unaussprechliches. Als sie sagte: Sie sind Anatole, verwandelte ich mich auf der Stelle in einen Anatole, der ich vorher nicht gewesen war.

Während ich ihrem Redefluß lauschte – es gab eine stille Übereinkunft, daß meistens sie sprach, auch wenn sie uns dabei Fragen stellte –, fiel mir auf, daß sie und Sheri ihre Redeweisen so deformierten, wie früher chinesische Frauen ihre Füße. Was sie sagte, entsprach ziemlich genau dem, was sie in ihre Tagebücher schrieb. Ein Eintrag aus dieser Zeit vermittelt eine gute Vorstellung davon, wie sich das anhörte: »Denken Sie an Ballettübungen. Die Bewegung der Hand versinnbildlicht den Widerstand gegen das Wasser. Und was ist Malerei anderes als absolute Transparenz? Es ist die Kunst, die Ekstase ist, Paradies, und Wasser.« Ein weiterer Eintrag lautete: »Wahrscheinlich lernte ich nie die Namen der Vögel, um den Vogel des Friedens, den Paradiesvogel, den Vogel der Seele, den Vogel der Wünsche zu entdekken.«

Ihre Konversation kokettierte mit allen Künsten und ließ sich dennoch auf keine ein, wie jemand, der in einem Buchladen herumstöbert und eigentlich kein Buch kaufen will. Ich war vorsichtig mit meinen Äußerungen, weil ich sehen konnte, daß Anaïs Sheri wichtig war. Ich hatte Angst, mir könnte etwas Prosaisches herausrutschen, wie etwa: Hatten Sie Ärger mit Ratten, als Sie auf dem Hausboot wohnten?

Obwohl Anaïs in ihrem Tagebuch Sheri als eine »Figur aus der Vergangenheit« beschrieb, dachte ich, Sheri sei eine spätere, keine frühere Ausgabe von ihr. Anaïs war schon nicht mehr Mode, Sheri war im Begriff es zu werden. Anaïs war wie eine Frau auf einer Party, die ißt und trinkt und allen schöne Augen macht. Sheri war der Morgen nach der Party. Anaïs war sich nicht bewußt, welches Bild sie abgab, Sheri war sich ihrer durch und durch bewußt. Während Sheri ständig sich selbst zuhörte, ständig probte und feilte, stand Anaïs schon für ihr Denkmal Modell. Sie stand dafür Modell, ohne zu wissen, wo es aufgestellt werden sollte.

Auch Sheri beobachtete sich selbst mehr als sonst, wenn das überhaupt möglich war, vielleicht weil sie den Sog von Anaïs spürte, die Versuchung, sich »von Affinitäten magnetisieren« zu lassen. Alle hatten Hintergedanken, und weil niemand sagte, was er dachte, wurde die Unterhaltung so gespreizt, daß Anaïs gezwungen war, eine Flasche Wein herauszurücken. Mit einer schwungvollen Bewegung ließ sie die Flasche plötzlich, zusammen mit einem altmodischen

Korkenzieher, in meinen Händen landen. Der Blick, den sie mir dabei zuwarf, machte klar, daß dies ein raffinierter Test sein sollte – aber wozu?

Mir blieb nichts weiter übrig, als die Herausforderung anzunehmen. Auf eine, wie ich hoffte, selbstbewußte heterosexuelle Weise widmete ich mich entschlossen, aber mit ironischer Distanz, der Aufgabe, den Korken zu ziehen. Als ich den Korkenzieher ganz hineingedreht hatte, zog ich langsam und beharrlich am Griff. Ich machte alles, wie man es gewöhnlich macht, und zwar in Zeitlupe, so daß ich völlig schockiert war, als der Griff abbrach.

Er ging einfach ab. Ich hielt die Flasche mit der Korkenzieherschraube in der einen und den hölzernen Stumpen in der anderen Hand. Mein erster Gedanke war: Das ist nicht meine Schuld. Ich habe alles richtig gemacht. Sie kann mir keinen Vorwurf machen. Dann versuchte ich, den Griff wieder zu befestigen, während Anaïs sich vorbeugte und mir zusah. War es ein Trick?, überlegte ich. Ein surrealistischer oder dadaistischer Jux? Sie lächelte, als hätte ich das Bild bestätigt, das sie von mir hatte. Ich wußte, alles was ich tat, würde dieses Bild bestätigen.

Ich wollte die Flasche an die Wand schmeißen, aber Anaïs drückte mir bereits einen neuen Korkenzieher in die Hand, der ganz wie der alte war. Ich wollte nicht, aber ich sah keine Möglichkeit, mich zu weigern. Ich drehte das Ding erst einmal kurz in der Luft, nur um zu sehen, ob es halten würde. Der erste Korkenzieher steckte noch drin, und nur unter Schwierigkeiten gelang es mir, ihn herauszubekommen. Dann arbeitete ich den neuen hinein, diesmal noch gezielter. Es kostete mich fünf Minuten, um ihn ganz hineinzubekommen. Ich schraubte ihn kerzengerade hinein, um den Griff keiner unnötigen Belastung auszusetzen.

Ich zog ganz allmählich, zuerst sanft, dann stärker. Nichts geschah. Der Korken rührte sich nicht. Ich hatte nicht die leiseste Idee, warum, es handelte sich keinesfalls um eine uralte Flasche Wein, welche die Zeit selbst versiegelt hatte. Um sie besser in den Griff zu bekommen, stellte ich die Flasche auf den Boden zwischen meine Füße.

Was dann passierte, kommt mir noch heute unglaublich vor. Manchmal denke ich, daß es gar nicht passiert ist, daß mir das Gedächtnis einen Streich spielt. Aber es ist passiert: Vor meinen Augen sah ich den Korkenzieher langsam aus dem Korken auftauchen. Er brach nicht ab; der Kork zerbröckelte nicht. Der Korkenzieher wurde einfach gerade, so daß ich schließlich etwas in der Hand hielt, das einem Eispickel ähnelte. Ich fühlte mich wie jemand im Traum. Ich schüttelte mich, versuchte zu mir zu kommen, die Röte zu unterdrücken, die mir ins Gesicht stieg. Was hätte ich tun sollen? Was hätte Henry Miller an meiner Stelle getan? Otto Rank? Edmund Wilson?

Anaïs nahm die Flasche und den Korkenzieher und legte beides auf den Tisch. Vielleicht hatte sie den Wein nie zum Öffnen vorgesehen. Sie wandte sich um und sah mich mit zusammengekniffenen Augen an. Ich sehe, sagte sie, daß Sie ein sehr interessanter junger Mann sind.

In ihrem Tagebuch stand nichts über die Korkenzieher, aber sie beschrieb mich als »hübsch, sinnlich, ironisch«. Ich war nicht beeindruckt: Alle jungen Männer in ihrem Tagebuch waren hübsch, sinnlich und ironisch.

6

Das Leben mit Sheri war ein ständiger Anpassungsprozeß. Es war, als lebte man in einer Stadt im Ausland: Die Sprache, die Währung, der Lebensstil der Menschen, alles Dinge, die man erst lernen muß. Man findet heraus, wie das Telefon, wie die U-Bahn funktioniert, wo die Läden und Restaurants sind, die Parks, die öffentlichen Pissoirs, die Post. Man versucht, sich als Einheimischer und nicht als Ausländer zu fühlen; man schreitet von der Grammatik zum Gebrauch der Idiome vor, man versucht zu reden, als gehöre man dazu. Dennoch schafft man es nie, sich zu Hause zu fühlen. Man bleibt ein Gast, vielleicht nur Tourist.

Es kam immer noch etwas anderes, etwas Neues hinzu, eine noch umfassendere Bedingung, an die es sich anzupassen galt. Es war klar, daß sie eines Tages mit einem neuen Dreh kommen würde, so daß ich ganz von vorne anfangen mußte. Als sie mir eines Tages eröffnete, daß sie ein schlechtes Herz habe, war es, als hätte sie sich das für den Schluß aufgespart.

Es war nachts, und wir waren im Bett. Nachts wurde sie sehr erfinderisch; wie im Rausch ließ sie die ungenutzten Möglichkeiten des Tages, die Überbleibsel ihrer Empfindsamkeit Revue passieren. Ich war schon fast eingeschlafen, als sie mir plötzlich eröffnete: Du weißt, ich habe ein schlechtes Herz.

Natürlich begriff ich anfangs nicht ganz, was sie da sagte. Der Satz stand in keinem normalen Zusammenhang, er war durch nichts vorbereitet. Nur: Du weißt, ich habe ein schlechtes Herz. So als würde sie sagen: Gute Nacht. Oder: Rück ein bißchen rüber. Es war dunkel, und Behauptungen im Dunkeln haben etwas Besonderes.

Außerdem wußte ich nie, ob sie das, was sie sagte, wörtlich oder im übertragenen Sinn meinte. Wie ich bereits erwähnte, sprach sie gerne in Metaphern. Ich habe nie jemanden gekannt, der so viele Redewendungen gebrauchte. Als sie sagte: Ich habe ein schlechtes Herz, dachte ich deshalb, sie meinte das im Gegensatz zu einem guten Herzen, also ein schlechtes Herz im Sinne von ungläubig, ein hartes oder schwarzes Herz, ein untreues Herz.

Sie liebte es, mich soweit zu bringen, daß ich mich abmühte, sie zu interpretieren. Da ich nie genau wußte, was sie meinte, unterstellte ich ihr Dinge, an die sie nie gedacht hatte. Es war wie in der Zeit, als ich surrealistische Literatur auf französisch las – ich dachte mir allerlei Wunderdinge aus, bis ich ein Wörterbuch zu benutzen begann.

Ich war im Halbschlaf. Wir hatten uns geliebt, und ich fühlte mich leer, oder besser gesagt, voller Leere, von Leere *erfüllt.* Aber ich versuchte wach zu werden und nachzudenken, nicht über das, was sie sagte, sondern darüber, was *dahinter* stecken könnte, worauf sie abzielte. Ich habe immer dazu geneigt, alles ziemlich wörtlich zu nehmen, und das ist eine der Eigenschaften, für die ich mich schäme, so wie manche Männer sich schämen, weil ihr Penis zu klein ist.

Warum denkst du, daß es schlecht ist?, sagte ich. Hast du das Gefühl, weichherzig zu werden?

Ich muß beim Treppensteigen aufpassen, sagte sie. Der Arzt meint, Treppen sind gefährlich.

Der Arzt?, sagte ich. Was für ein Arzt? Wovon redest du überhaupt?

Ich sage dir doch, ich habe ein schlechtes Herz, sagte sie. Mein Herz ist defekt, es ist zu schwach, nicht in Ordnung. Der Arzt sagt, ich muß jede unnötige Anstrengung vermeiden.

Mein erster Gedanke war, daß ich es war, der Sheris Herz überanstrengte – wir hatten uns in der Tat soeben verausgabt –, und daß damit Schluß sein mußte. Aber dann hörte ich, was sie sagte. Du meinst, du bist krank? Daß bei dir etwas wirklich ernsthaft nicht stimmt?

Genau das will ich dir die ganze Zeit sagen.

Aber warum hast du mir vorher nie etwas davon gesagt? Seit wann weißt du das? Ich wurde ganz aufgeregt, ich drängte sie, eine zweite Diagnose einzuholen, einen Herzspezialisten aufzusuchen, aber sie sagte, das alles habe sie schon getan. Es sei im Grunde ganz einfach, sagte sie, ihr Herz sei schlichtweg anders als das anderer Leute.

Und so hatte ich mich wieder neu an sie anzupassen. Ich machte Sheri zu meiner Bürde. Von nun an trug ich sie, wenn wir ausgingen, immer wenn wir in die Wohnung zurückkehrten, die Treppen hoch. Ich überbrachte sie, ich trug sie aus. Ich wurde ihr Dienstmann, so wie ich ihr Liebhaber war. Ich war sogar bereit, sie die Treppen hinunterzutragen, aber sie sagte, das sei nicht nötig.

Anfangs, bevor ich mich daran gewöhnte, war sie, trotz

ihrer Schlankheit, überraschend schwer. Man könnte sagen, sie war metaphysisch schwer. Ich denke auch, daß sie sich schwer machte, indem sie sich tot stellte. Sie warf ihren Kopf zurück wie Frauen auf romantischen Gemälden, die entführt werden.

Am schlimmsten war es, wenn wir Leute besuchten. Viele ihrer Freunde waren Maler, die wegen des Lichts im obersten Stock wohnten. Wenn wir nach vier oder fünf Etagen oben ankamen, war ich immer rot im Gesicht und außer Atem und brachte kein Wort heraus. Da wir niemandem etwas über Sheris Herz sagten, wunderten sich die Leute über mich. Sie dachten, wir hätten im Treppenhaus herumgemacht. Bald eilte mir ein Ruf voraus.

Nach dem ersten Schock über ihre Eröffnung kam mir die Idee, daß sie ein schwaches Herz haben könnte, fast natürlich vor. Ihr Brustkorb war so eng. Ich legte mein Ohr daran und lauschte. In meiner Phantasie hatten gewöhnliche Herzen einen Rhythmus wie schlechte Rockmusik, Sheris Herzschlag ähnelte eher einer *étude* von Chopin, einem flüchtigen, geistesabwesenden Geklimper.

Ich hatte sie nie für einen physisch starken Menschen gehalten. Obwohl ihre Beine und Schenkel fest und voll waren, schien ihr Körper ein gefährdetes Leben zu führen, an einer gewissen Zerbrechlichkeit zu kranken. Sie lief nicht, sie schwebte, und keine ihrer Bewegungen machte irgendwelche Konzessionen an die Schwerkraft. Wenn ich darüber nachdachte, erschien mir das menschliche Herz als sehr primitives Instrument, als elendes Klempnerwerkzeug, für eine so komplizierte, arhythmische Kreatur. Dieses Ding war zu prächtig, zu symbolisch für ihre abstrakte Brust, dieses Ding war so häßlich wie die Blutenden Herzen, Medaillen aus Samt, die ich als katholisches Kind in New Orleans so bewundert hatte.

Ich genoß es, sie zu tragen. Ein paar Augenblicke lang war sie in meiner Gewalt. Und mir gefiel die Vorstellung, daß sie tragbar war. Ich begann mir die Liebe als Gewicht zu denken. Wenn ich sie in meinen Armen hatte, wirkte sie faßbarer, greifbarer. Wenn ich gewollt hätte, hätte ich sie die Treppe hinab oder über das Geländer werfen können.

Die Art, wie wir uns liebten, veränderte sich. Die Notwendigkeit, sanft zu sein, brachte eine heimtückische erotische Komplikation ins Spiel. Ich drang verstohlen ein wie ein nächtlicher Dieb. Ich wurde zum Schlafkriecher. In einer seiner Vorlesungen an der New School hatte Gregory Bateson über einen südpazifischen Stamm gesprochen, der das sogenannte Schlafkriechen praktiziert. Der Schlafkriecher, oder *moetotolo*, besucht die Geliebte mitten in der Nacht in deren Hütte. Der Stamm, um den es ging, schlief in Strohkörben, um die Moskitos fernzuhalten, und der *moetotolo* mußte sich in den Korb des Mädchens zwängen und agieren, ohne dabei das geringste Geräusch zu machen. Die ganze Familie schlief in einem Raum, und wenn der *moetotolo* entdeckt wurde, wurde er schwer verprügelt.

Auch ich wurde zum *moetotolo* und agierte unter Druck. Ich fühlte mich wie ein Mörder, explosiv wie eine Rakete, wie ein Riese, und lenkte meine Leidenschaft in den eigenen Körper zurück. Der Rückstoß meiner Begierde war so gewaltig, daß ich um mein eigenes Herz fürchtete.

7

Vielleicht waren es die deutschen Professoren an der New School, die mich auf die Idee brachten, ich weiß es nicht, aber aus irgendeinem Grund beschloß ich, mich einer Psychoanalyse zu unterziehen. In New York City hatte die Psychoanalyse etwas Unvermeidliches. So wie man die U-Bahn nehmen mußte, um irgendwohin zu gelangen. Die Psychoanalyse lag in der Luft wie Feuchtigkeit, wie Rauch. Man konnte sie fast riechen. Das ganze Establishment der Psychoanalyse hatte New York in einem Gegenangriff besetzt, ein deutscher Marshall-Plan.

Der Krieg war ein böser Traum gewesen, den wir jetzt analysieren wollten. Es war, als wären wir drei oder vier Jahre lang bewußtlos gewesen. Nun da der Krieg zu Ende war, schlossen wir private Friedensverträge mit uns ab. Wir verlangten nicht weniger als die bedingungslose Kapitulation des Lebens vor uns oder unsere vor dem Leben. Das herrschende Gefühl war, daß wir vergessen hatten, wie man lebt, und daß die Voraussetzungen sich inzwischen verändert hatten. Außerdem hatte ich immer noch etwas Geld von meinen Schwarzmarktgeschäften in Tokio. Das Geld war mir in den Schoß gefallen, und so beschloß ich, es auf dem Schwarzmarkt der Selbstfindung auszugeben.

Die meisten Leute gingen in die Analyse, weil sie unglücklich waren – oder sich zumindest dafür hielten. Ich war jedoch, soviel ich wußte, nicht unglücklich. In der Tat schien es mir, als hätte ich alles, was ich wollte. Aber ich war wie ein Emigrant, der von einem armen Land in ein reiches einwandert und seinem Wohlstand noch nicht ganz traut. Ich mißtraute meinem Glück – es schien mir zu bequem zu sein, und ich fürchtete, es bestünde einfach in einem Mangel an Bewußtsein. Meine Phantasie juckte, und ich hatte nichts zum Kratzen.

War ich etwa, fragte ich mich, unter Vorspiegelung falscher Tatsachen glücklich? Oder verwechselte ich schiere Jugendlichkeit, reine Energie, mit Glück?

Es gab da außerdem noch etwas, fast zu verschwommen, um es zu beschreiben, was wie ein Schatten auf meinem Glück lag. In meinem Kopf bemerkte ich so etwas wie statische Entladungen, ein Gefühl, daß ein Teil von mir sich sträubte oder sich nur unter Protest voranbewegte. Ein dissonantes Summen oder Knistern, ein Flüstern war in meinen Molekülen. Meine Nerven – ich nahm an, es waren meine Nerven – gaben ein hohes, feines Schwirren von sich wie das Geräusch von Milliarden Insekten in einer Tropennacht. Es war nicht weiter störend, nicht mehr, als wenn man im Schlaf mit den Zähnen knirscht. Oder als ob meinem Gehirn etwas zwischen den Zähnen steckte. Vielleicht war es bloß die aufreibende Bewegung des Bewußtseins, aber ich beschloß, ein Symptom darin zu sehen.

Das Schwirren erinnerte mich an das Geräusch eines AC-DC Transformators. Im Village hatten viele Wohnungen diese Geräte, weil die Gebäude ursprünglich an einem Gleichstromnetz hingen und nie an das Wechselstromnetz angepaßt worden waren. Da die meisten Geräte indessen mit Wechselstrom betrieben wurden, mußte man sich einen Transformator besorgen, eine Maschine, die ungefähr so groß wie eine Hutschachtel war. Im Trödel waren solche Trafos für etwa 35 Dollar zu haben.

Unangenehm an ihnen war, daß sie ein Geräusch machten, kein lautes, aber ein durchdringendes Geräusch. Man stellte sie oft in ein Kabuff, aber ihr Singen oder Knirschen war auch von dort noch zu hören. Ich hatte von dem Geräusch, das sie machten, immer die Vorstellung, es sei das Klagelied der billigen Wohnungen, so wie Lorcas *Seufzen der Küchen*. Die statischen Entladungen oder das Schwirren in meinem Kopf war das Geräusch meines Transformators. Aber was versuchte ich zu transformieren? Und wie konnte ich ihn aus dem Kabuff herausholen?

Eines Abends sprach ich nach dem Seminar mit Dr. Fromm. Ich bat ihn, mir einen Analytiker zu empfehlen, in der Hoffnung, er selbst würde mich nehmen. Das tat er aber nicht; er schickte mich statt dessen zu Ernest Schachtel, der an der New School einen Kurs über die Interpretation von Rorschach-Tests veranstaltete.

Dr. Schachtel sah aus wie Paul Klee – oder zumindest wie eine Fotografie, die ich von ihm gesehen hatte. Die Vorstellung, von Paul Klee analysiert zu werden, gefiel mir. Dr. Schachtel war dünn, gut gekleidet und wirkte empfindsam, fast nervös. Er imponierte mir als jemand, der Schiller, Heine und Kleist las, als jemand, der Schubert und Mahler hörte. Er wirkte melancholisch, und ich nehme an, daß er im Krieg gelitten hatte. Wie mußte das sein, überlegte ich, das eigene Land um eines anderen Landes willen zu verlassen und dort immer nur auf das Unglück und die Verwirrung der Leute zu treffen, die dort lebten? Was wäre, wenn Amerikaner nach Paris oder Florenz fahren würden und ihnen dort Kellner, Hotelangestellte und Taxifahrer ihre Träume, Ängste und namenlose Ärgernisse erzählen würden?

Dr. Schachtels Wohnung auf der Upper West Side war im Bauhausstil eingerichtet. Seine Möbel waren leicht, fast fragil, und mir fiel auf, daß die Deutschen, wenn sie nicht schwer waren, oft fragil wirkten. Wie Fromm und Horney hatte er die Lehre Freuds revidiert, und das war es, was ich wollte, einer Revision unterzogen werden. Ich sah in mir einen ersten Entwurf.

Ich wurde nicht auf die Couch gebeten, was mich ein wenig enttäuschte, denn ich hatte mich darauf gefreut, wie im Bett oder auf einer Wiese zu liegen und dabei zu reden. Statt dessen saßen wir uns gegenüber, etwa zweieinhalb Meter voneinander entfernt, ein Arrangement, das eine ganz spezielle Wirkung auf mich hatte. Ich wurde das Gefühl nicht los, daß nicht ich, sondern mein großes, offenes, klaffendes Gesicht analysiert wurde.

Ich fühlte mich auch unwohl, weil Dr. Schachtel es vermied, mir in die Augen zu sehen. Seine Augen pflegten durch den Raum zu wandern, als hörte er das Summen einer Fliege und versuchte nun nebenbei, sie zu finden. Ich stellte mir vor, seine Augen folgten einer gestrichelten Linie wie dem Pfad, den sie bei der Betrachtung eines Bildes einschlagen sollten. Wenn er sich dann mir zuwandte, war sein Blick unscharf und unspezifisch, ein schneller Seitenblick, der von der Oberfläche meines Gesichts abglitt.

Ich nehme an, daß er das aus therapeutischen Gründen tat, daß er mich zum Beispiel nicht ablenken wollte, aber der fehlende Kontakt lenkte mich nicht weniger ab. Es kam mir vor wie Fangen spielen oder Blindekuh. Normalerweise hätte ich selbst weggesehen, um das, was ich sagte, nicht mit Blicken zu begleiten, aber sobald ich sah, daß Dr. Schachtel meine Augen mied, begann ich den seinen zu folgen.

Ich kann mich nicht erinnern, worüber ich in der ersten Stunde sprach, denn meine größte Sorge war, Dr. Schachtel zu langweilen. Ich hatte entsetzliche Angst, ihn zu langweilen. Ich hatte ein unvernünftiges Verlangen, alles zu umgehen, was er schon einmal gehört hatte, und das machte mir das Sprechen fast unmöglich. Eine erfolgreiche Analyse war in meiner Vorstellung eine, bei der man den Analytiker nie langweilte. Indem man die Langeweile vermied, transzendierte man sich und wurde geheilt. Ich war hierher gekommen, nicht um mich von Hemmungen zu befreien, sondern um bessere zu entwickeln.

Dr. Schachtels Gesicht trug den Ausdruck konzentrierter Neutralität, den äußeren Abglanz dessen, was Freud die gleichschwebende Aufmerksamkeit nannte. Es schien mir jedoch, als schwebe seine Aufmerksamkeit zu frei, als zöge ich sie nicht genug auf mich. Seinem Gesichtsausdruck nach zu urteilen, dachte er an etwas anderes, an ein Gedicht von Rilke oder an eine Stelle in Theodor Lipps *Zur Einfühlung*.

Es war erst bei unserer zweiten Sitzung und dann erst ganz am Ende der Stunde, als mir klar wurde, worüber ich wirklich reden wollte. Ich war etwa zwanzig Minuten zu spät gekommen, und Dr. Schachtel schien sich darüber zu ärgern. Ich erzählte ihm, daß ich im Buchladen gewesen und nach Hause gegangen war, um mich umzuziehen. Ich pflegte, ein Jackett und eine Krawatte für das Treffen mit ihm anzulegen, da ich zu diesem Zeitpunkt noch ein eher formales Verhältnis zu meiner Persönlichkeit hatte. Was ich ihm nicht erzählte, war, daß Sheri in der Wohnung gewesen war und mich vorsätzlich ins Bett gelockt hatte. Sie wußte, daß ich schließlich doch über sie reden würde, und wollte sich auf ihre Weise einbringen.

Ich genierte mich, ihm den wahren Grund meines Zuspätkommens zu erzählen – es war noch ganz frisch, noch warm –, und so begann ich über das schwirrende oder knirschende Geräusch in meinem Kopf zu sprechen. Ich benutzte das Wort *Sirren*, und da Dr. Schachtel das Wort nicht kannte, kam er in den Genuß eines Vortrags über galvanische Geräusche.

Er sagte nichts, und seine Augen wanderten im Zimmer umher. Er langweilt sich, dachte ich. Er wußte alles über mich, ohne daß es ihm erzählt worden wäre – ich war so leicht zu lesen wie ein Rorschach-Klecks. Ich spürte, daß ich etwas tun mußte, um mich zu erlösen, aber die Stunde war fast vorbei. Ich schaute auf meine Uhr – die Stunde war um. Ich stand auf und ging zur Tür. Dr. Schachtel stand ebenfalls auf, das war seine Art, auf Wiedersehen zu sagen. Ich hatte die Hand auf der Klinke, aber ich konnte nicht gehen. Jetzt zu gehen hätte bedeutet, meine Persönlichkeit wie eine Sonntagsausgabe der *Times* über den Boden verstreut zu hinterlassen. Ich war noch nicht durch, ich hatte mich noch nicht hindurch*gearbeitet*. Ich konnte das Bild, das ich mir von mir machte, nicht ertragen, und suchte nach einer Pointe, die mir einen Abgang in Frieden gestatten würde.

Ich blickte auf Dr. Schachtel, der auf eine fragile, unsportliche, europäische Weise neben seinem Stuhl stand. Ich bin von der Liebe enttäuscht, sagte ich. Und bevor er antworten oder sich entscheiden konnte, nicht zu antworten, war ich gegangen.

Bei meiner nächsten Sitzung versuchte ich, den Satz zurückzunehmen. Ich weiß nicht, warum ich das gesagt habe, sagte ich zu Dr. Schachtel. Ich nehme an, ich wollte mich wichtig machen. In Wirklichkeit ist meine Beziehung zu Sheri das genaue Gegenteil von unbefriedigend. Man könnte sogar sagen, sie ist zu befriedigend.

In welcher Weise sind Sie enttäuscht?, fragte er.

Ich weiß nicht, ob ich enttäuscht bin, sagte ich. Es ist mir so herausgerutscht. Jeder möchte sich als enttäuscht sehen, das ist der Einfluß der modernen Kunst.

Dr. Schachtel widerstand der Versuchung, sich in eine Diskussion über moderne Kunst verwickeln zu lassen, und mir blieb nichts weiter übrig, als fortzufahren. Soweit ich sehe, sagte ich, habe ich keinen Grund, enttäuscht zu sein. Und trotzdem stimmt irgend etwas nicht. Ich spüre nicht, daß dies *mein* Glück ist. Es ist, als stünde ich neben mir mit meinem Glück.

Was ist es, das Sie wollen und das Sie nicht haben?, fragte Dr. Schachtel.

Ich zögerte. Ich fühlte mich wie ein Hochspringer, bereit zum Start. Und genau in diesem Augenblick fing ich Dr. Schachtels Augen ein. Sie wanderten gerade im Zimmer hin und her und folgten dabei einer eigenen geheimnisvollen Bahn, als ich sie mit einem Mal fing und festhielt, als hätte ich ihn am Rockaufschlag gepackt. Die Gelegenheit war zu günstig, um sie verstreichen zu lassen. Ich möchte transfiguriert werden, sagte ich.

Ich weiß nicht, ob er überrascht war, ich jedenfalls war es. Ich hatte, soweit ich mich erinnern konnte, das Wort *Transfiguration* noch nie benutzt, hatte nie auch nur daran gedacht. Ich wußte nicht, was ich damit meinte, und doch wußte ich, daß es traf, daß es beschrieb, was ich empfand. Als ich das Wort endlich heraus hatte, war mir wie jemandem, der sich in ein Taschentuch schneuzt und feststellt, daß es voll Blut ist.

Im Roman transfiguriert die Liebe die Menschen, sagte ich. Sie hebt sie auf eine höhere Stufe, sie zeichnet sie aus, sie erhebt sie über ihre Alltäglichkeit. Denken Sie an die Menschen in den Romanen von D. H. Lawrence. Denken Sie an Hans Castorp im *Zauberberg.* Sie haben das Buch wahrscheinlich auf deutsch gelesen. Diese Menschen sind keine Lehrer oder Ingenieure mehr, oder was sie vorher auch immer waren, sondern heroische Gestalten. Sie sind erhaben; sie sind gesegnet.

Ich nahm an, sagte ich, daß die Liebe auch mich ändern, irgendwie *weiterbringen* würde. Denn ohne das ist sie nichts weiter als Sex, reine Mechanik. Sex ist zwar schön – er ist wunderbar, wie Fliegen –, aber das reicht nicht. Es erklärt, es *rechtfertigt* den ganzen Zirkus nicht. Es steht in keinem Verhältnis zu zweitausend Jahren Poesie, zu all dem Lachen und Weinen. Es muß da noch etwas anderes, etwas mehr dahinterstecken. Sonst wäre die Liebe nicht so etwas Berühmtes, wir würden uns nicht ständig mit ihr beschäftigen. *Es wäre der Mühe nicht wert.*

Ich holte einen Moment lang Luft. Dr. Schachtels Augen waren entkommen, und ich konnte sie nicht wieder einfangen. Ich war verwirrt. Ich hatte das Gefühl, wieder auf dem

Deck eines Schiffes im Hafen von Yokohama zu stehen und unter gelben Lichtern ein Selbstgespräch zu führen. Eigentlich ist es gar nicht so viel verlangt, sagte ich. Ich möchte nur, daß die Liebe ihrem Ruf gerecht wird.

Ich besuchte Dr. Schachtel elfmal. Er war intelligent, scharfsinnig, ja sogar charmant, aber ich gab ihm nie eine Chance. Ich nehme an, er wollte wie jeder gute Analytiker meine Persönlichkeit wachsen sehen, während ich es nötig hatte, daß sie auf eine handlichere Größe zusammenschrumpfte. Sie war viel zu groß für mich.

Ich bestand darauf, meine Probleme so darzustellen, wie sie waren, in ihrer ganzen Abstraktheit, und die Abstraktionen der Psychoanalyse waren den meinen nicht gewachsen. Wie kann ich Angst und Begehren auseinanderhalten?, fragte ich Dr. Schachtel. Ist Sex Abwehr gegen die Kunst? Ist Enttäuschung unvermeidbar wie der Todestrieb?

Was ich Dr. Schachtel präsentierte, war weder eine persönliche Lage noch eine Situation, sondern eine Poetik. Ich wollte mit ihm über mein Leben nicht wie ein Patient mit seinem Analytiker, sondern wie ein Literaturkritiker mit einem Kollegen über einen Roman diskutieren. Das war natürlich das, was alle Patienten wollen, aber die Ironie an der Geschichte war, daß es bei mir funktioniert hätte. Es wäre vielleicht der kürzeste, der einzige Weg durch meine Widerstände gewesen, da ich nicht so sehr eine Persönlichkeit war, sondern eher aus Literatur, aus einer Ansammlung fiktiver Vorstellungen von mir selbst bestand.

8

Eines Nachts schrie Sheri, während wir uns liebten. Sie hatte vorher nie geschrien, und es kam für mich völlig überraschend. Es war ein lauter Schrei, direkt in mein Gesicht, welches dem ihren nahe war. Ihr Mund öffnete sich sehr weit, und ich konnte bis ganz hinten in ihre Kehle, bis zu ihrem Zäpfchen sehen. Ich sah ihre Zahnfüllungen, das hinterste Ende ihrer Zunge, die glänzende rote Innenseite ihrer Wangen.

Ihre Augen waren geöffnet und blickten mich an, während sie schrie. Ich dachte, ich müßte etwas falsch gemacht haben. Was ist?, sagte ich. Bist du o. k.? Ich wußte, daß Frauen während des Akts manchmal schreien, aber sie hatte niemals zuvor geschrien, und außerdem paßte es nicht zu ihr. Ich dachte, ich hätte ihr weh getan, und unterbrach, was ich tat, obwohl es nichts Besonderes oder Ungewöhnliches war. Vielleicht hatte ich eine empfindliche Stelle berührt, oder sie fühlte sich nicht wohl.

Ist irgend etwas los?, fragte ich, aber natürlich antwortete sie nicht. Sie *glaubte* nicht an Fragen. Aber was sollte ich tun? Wollte sie, daß ich weitermachte, oder sollte ich aufhören? Ich wollte nicht aufhören, ich war schon zu weit, um aufzuhören.

Ich begann wieder, sehr sanft, fast ohne mich zu bewegen, und sie schrie wieder. Mir kam in den Sinn, daß die Nachbarn sie hören konnten. Wenn ich ihnen im Treppenhaus oder auf der Straße begegnete, würde ich diese Schreie in ihren Augen sehen. Aber warum fing sie jetzt zu schreien an? Wann würde ich all ihre Eigentümlichkeiten ergründet haben? Außerdem war an ihren Schreien etwas sonderbar, etwas, was nicht ganz stimmte. Sie waren nicht wie die Schreie, die man im Kino hört, Schreie aus vollem Hals. Ich erinnerte mich an Fay Wray in *King Kong*, an ihre wollüstigen Schreie.

Die meisten Schreie bestehen aus weit geöffneten Vokalen *ah*, *oh* oder *ih*, die tief aus dem Zwerchfell kommen. Sie sind nackt und unmoduliert, das macht sie so erschreckend. Aber Sheris Schreie waren nicht so. Sie schrie in Sinuskurven, wie eine Fabriksirene. Der Ton war unrein, schräg, ein Diphthong.

Ihre Stimme klang rauh, und ich dachte an den rauhen Schrei des Pfaues, einen Satz aus einem Buch. Ich erinnerte mich an eine Zeile aus einem surrealistischen Gedicht: »Der Hyäne länglicher Schrei.« Das war die Richtung, die meine Gedanken einschlugen.

Wenn Sheri schrie, war ihr Gesicht um die Augen herum nicht zusammengezogen oder verzerrt. Es war nur ihr Mund, der schrie. Sie ähnelte nicht dem Mädchen in dem Gemälde von Munch, dessen Schrei das ganze Gesicht einnimmt. Sheri sah aus, als gurgelte sie. Sie ließ ihren Schrei heraus wie ein Wecker, der losgeht, wenn man sich nicht mehr daran erinnert, warum man ihn gestellt hat.

Vielleicht waren ihre Schreie als Frage oder als Rätsel

gemeint. Vielleicht wollte sie mit ihnen unausgesprochene Sätze bekräftigen. Alles war möglich.

Es schien mir auch, daß sie ein bißchen schal waren, ihre Schreie. Mich überkam das Gefühl, sie drehe mir gebrauchte Schreie an, Restbestände aus ihrem alten Leben, aus ihrer unergründlichen Vergangenheit. Das dachte ich, als ich da lag, halb drinnen, halb draußen.

9

Für die meisten Leute in Meyer Schapiros Seminar an der New School war die Kunst die Wahrheit über das Leben – und das Leben selbst war in ihren Augen mehr oder weniger eine Lüge. Kunst, moderne Kunst, war eine große, intensive, aber gleichzeitig unbestimmte Verheißung oder Bedrohung, je nachdem, wie man sie betrachtete. Betrachtete man die Zivilisation als Geschlechtswesen, dann war die Kunst ihre Sexualität.

Im Dämmerlicht bunter Dias und mit ihrer gedämpften Atmosphäre waren die Seminare von Schapiro wie Gottesdienste. Kultur war damals noch heilig. Hätte er sich eine eigene Kirche ausgesucht, dann wäre es eine romanische gewesen, obwohl auch etwas von einem Fundamentalisten in ihm steckte. Er erweckte in einem den Wunsch, aufzustehen und Zeugnis abzulegen, oder ein Tamburin zu schlagen.

Ich ging zu ihm, wie zwanzig Jahre später Studenten nach Indien gehen sollten. Ich wollte an etwas glauben, an irgend etwas, ich wollte Mitglied einer Sekte werden. Meine Familie war weder religiös noch gebildet, stammte aus New Orleans und hatte in New York nie ganz dazugehört. Im Brooklyn College war außer mir jeder Kommunist gewesen.

Die moderne Malerei war erneut etwas, was mich ausgrenzte, ein neues Geheimnis, von dem ich ausgeschlossen war. So fühlte ich mich, wenn über Politik gesprochen wurde, aber das machte mir nicht so viel aus, da ich mich für Politik nicht interessierte. Und außerdem dachte ich insgeheim, ich hätte Recht. Ich dachte, Kommunist sein sei der Preis dafür, daß man sich für Politik interessiert. Es sei die Adoleszenz in der Politik, ein linkisches Stadium, das man hinter sich bringen mußte. Aber als es um moderne Kunst ging, hatte ich Angst, die anderen könnten Recht haben, und ich würde nie hip oder weltläufig sein und nie dazugehören. Ich würde nie das selbstzufriedene Gefühl kennenlernen, zeitgemäß, auf der Höhe der Zeit zu sein.

Vielleicht klingt das wie viel Lärm um nichts, aber wenn man jung ist, ist alles bedeutend, alles ernst. Außerdem lebte ich mit einer modernen Malerin zusammen, ich schlief mit der modernen Malerei. Das Leben, das wir führten, beruhte auf moderner Kunst. Was wir darüber hinaus hatten, war eine schmutzige Wohnung.

Über Schapiro wurden alle möglichen Geschichten erzählt. Es ging das Gerücht um, er habe sich, als er das erste Mal in Paris war, nie in ein Café gesetzt und sei nie die Seine entlanggegangen, sondern habe die ganze Zeit in Museen und Bibliotheken verbracht. Wahrscheinlich stimmte diese Geschichte nicht, aber sie paßte zu ihm. Das Lesen hatte ihn in einen Heiligen oder einen Engel der Wissenschaft verwandelt, ich vermutete in ihm jedoch auch eine Art Märtyrer, einen von den Pfeilen der Abstraktion durchbohrten heiligen Sebastian. Ein rivalisierender Kritiker sagte, Schapiro liebe nicht die Malerei, sondern die Erklärungen, die sie ermögliche, und daß er Bilder am Aufwand an Scharfsinn messe, der nötig sei, sie gut zu finden.

Schapiro war damals um die vierzig. Er war ein schlanker, mittelgroßer Mann mit einem klassisch schönen semitischen Gesicht; es war knochig und asketisch, aber es leuchtete wie das eines Heiligen oder Märtyrers. Er trug, soweit ich mich erinnere, immer denselben Anzug, einen Einreiher mit grauem Grätenmuster, und er hatte zwei Krawatten.

Wie viele gebildete Juden seiner Generation in New York City sprach Schapiro die Konsonanten dental aus – vielleicht versuchte er auch, ein leichtes Lispeln zu überspielen –, und das brachte ein Zischen in seine Sprache, als wispere oder zischle er Geheimnisse. Der Eindruck von etwas Geheimnisvollem wurde dadurch gesteigert, daß er nicht zu uns, sondern zu den Bildern selbst zu sprechen schien, wie ein Mann, der einer Frau das Loblied ihrer Schönheit singt.

Manchmal war er so brillant, daß er mir fast verrückt vorkam; er schien mehr zu sehen, als in Wirklichkeit da war, er hörte Stimmen. Sein Wissen war so eindrucksvoll, daß es okkult wirkte. Da er seine Vorlesungen in einem Singsang vortrug, ähnelte er einem mittelalterlichen Kantor oder einem gregorianischen Mönch.

Wir hatten soviel Ehrfurcht vor ihm, daß wir nicht wagten zu lachen, wenn er etwas Witziges sagte. Er ähnelte dem deutschen Übersetzer, der bei Shakespeare die Wortspiele strich, in der Annahme, dieser hätte sie nicht geschrieben, und irgendwelche Federfuchser hätten sie hinzugefügt. Ich frage mich heute, ob Schapiro jemals bemerkt hat, wie angespannt, wie fromm wir waren. Machte er sich klar, daß ständig Studenten fortblieben und neuen Studenten Platz machten?

Sie gingen nicht aus Enttäuschung – tatsächlich wäre es vielleicht besser gewesen, wenn er uns hier und da enttäuscht hätte. Was sogar seine Bewunderer vertrieb, war eine gewisse Rücksichtslosigkeit seiner Brillanz. Manchen von uns machte der Gedanke, daß alles etwas bedeutete, Angst; es gab keinen Ausweg. Es war wie ein unentrinnbares Schicksal.

Vielleicht gehören die Dinge, die er sagte, inzwischen zu den Gemeinplätzen der Kunstkritik, aber damals waren sie für mich Offenbarungen. Und er sprach natürlich über Maler wie van Gogh, Cézanne und Picasso, die heute zu den alten Meistern gehören. Damals, vor nur vierzig Jahren, waren sie Revolutionäre; wir glaubten noch an Revolutionen.

Ich erinnere mich daran, daß Schapiro uns erzählte, daß es vor Cézanne in der Landschaftsmalerei immer eine Stelle gegeben hätte, wo der Betrachter in das Bild hineinspazieren konnte. Es gab eine Pforte; man konnte sie durchschreiten, wie man einen Park betrat. Aber das galt nicht für die Landschaften von Cézanne, die von dem, was sie umgab, völlig abgeschnitten waren, von ihrem Kontext abstrahiert. Man konnte nicht in sie hineingehen – man drang nur über die Kunst, durch einen Sprung, in ihr Inneres hinein.

Schapiro sagte, daß van Gogh in Farben betete, wenn er seine Palette mit Pigmenten belud, die er nicht bezahlen konnte. Er faßte seine Angst in Pigmente, er klatschte Farbe auf ihre Wangen. Farbe war Erlösung. Sie mußte zum Anfassen, dick sein.

Eines Abends schmuggelte ich Sheri in das Seminar. Das war einfach bei all dem Durcheinander, die Wogen der Begeisterung gingen hoch. Der Saal war abschüssig wie ein

Theater, und wir saßen oben im hinteren Teil. Schapiro sollte über Picasso sprechen, und der Raum war brechend voll, so daß die Leute zusammengekauert auf den Treppen des Seitenganges saßen. Picasso war ein ideales Thema, weil so viel zu erklären war.

Schapiro sprach schnell, rhythmisch, fast ohne Atempause. Als er sagte, daß Picasso mit *Les Demoiselles d'Avignon* die Bildebene zerbrochen hatte, hörte ich ein Knacken, als ließe ein Chiropraktiker meine Halswirbel einrasten. Als er fortfuhr, wurden Schapiros Sätze staccato, kubistisch, sie füllten sich mit überlappenden Ebenen. Ich war so aufgeregt, daß ich Sheris Hand in die meine nahm.

Ich fühlte, wie mein Selbstvertrauen wuchs. Es war eine ungemeine Erleichterung für mich, zu wissen, daß Kunst erklärt werden konnte. Wenn ich die Kunst nicht um ihrer selbst willen liebte, konnte ich sie doch, wie Schapiro, um ihrer Erklärungen willen lieben. Das war besser, als überhaupt nie geliebt zu haben.

Er sprach über ein frühes Stilleben von Picasso, einen gekippten Tisch mit einem weißen Tischtuch, einer Blumenvase und einer Weinflasche, alles paradoxerweise im Raum schwebend. Was wir hier sahen, sagte Schapiro, war die Verwandlung der horizontalen Fläche, der Fläche unserer alltäglichen Lebenstransversale, in die innere vertikale Oberfläche einer willkürlichen Manipulation.

Seine Stimme erhob sich zum Schrei. Er trompetete wie eine Wildgans. Der Saal delirierte. Der Strahl des Projektors wurde zu einem Suchscheinwerfer, der die Welt ausleuchtete. Die Studenten rutschten auf ihren Stühlen hin und her und stöhnten. Schapiro tanzte zur Leinwand und warf in einer romantischen Geste den Arm hoch. Während er sprach, ordneten sich die Bildelemente von selbst zu einem verständlichen Muster. Schauer des Glücks überliefen mich, und meine Hand schwitzte in der von Sheri.

Und dann stürmten wir die Seitentreppe hinab, stiegen im Halbdunkel der Leinwand über murmelnde Körper. Wir waren im Treppenhaus im zweiten Stock und rannten die Treppen hoch.

Auf dem Dach der New School lag ein tiefes purpurnes Glühen, eine Picassofarbe, das schwärzliche Licht, das sich nachts auf große Städte legt. Der Wind hob Sheris Haar, aber es war für Oktober nicht kalt. Die Welt war von Kunst erwärmt wie von Feuer.

Ein niedriges Oberlicht ragte aus der Dachfläche. Die Seite, die uns am nächsten war, leuchtete gedämpft, ein leeres Atelier. Der Sockel fiel zunächst senkrecht und dann steil ab. Sheri legte sich auf ihn, so daß der obere Teil ihres Körpers, Kopf, Arme und Schultern, auf der abschüssigen Fläche lagen und ihr Geschlecht zum Himmel schaute. Ich schöpfte einen Augenblick lang Luft und spürte mein Herz schlagen. Die Welt ist vollkommen, dachte ich, wenn man sie versteht. Ich fühlte den Wind über uns hin wehen, während Sheri im Dunkeln schimmerte. Als ich mich mit ihr verband, waren wir das zufällige Zusammentreffen einer Nähmaschine und eines Schirms auf einem Operationstisch. Wir verwandelten die horizontale Fläche in die innere vertikale Oberfläche einer willkürlichen Manipulation.

10

Als ich zu Sheri zog, nahm ich an, daß mein erwachsenes Sexleben nun beginnen würde. Bis dahin hatten sich meine Erfahrungen auf College-Episoden und Kriegserlebnisse beschränkt. Nun, dachte ich, würde ich mich in den Sex stürzen und dabei mit einer großen Intensität die Dinge tun, die zu tun waren. Ich fühlte mich wie jemand vor der ersten Auslandsreise.

Was aber tatsächlich geschah, war, daß Sheri und ich nicht da anfingen, wo der Sex anfängt, wie ich erhofft hatte, sondern dort, wo er endet. Wir erreichten sofort einen Punkt, wo alles, was darüber hinaus gegangen wäre, mit einem anderen Wort – als Yoga, Pantomime, Chiropraktik oder Isometrie – hätte bezeichnet werden müssen. Wir waren ein Liebespaar in einem traurigen futuristischen Roman, wo der Sex einem revolutionären Programm unterworfen wird.

Traditionellerweise hat man Sex immer mit Freude in Verbindung gebracht, was eine altmodische, fast Dickensche Vorstellung ist, aber Sheri begriff, so wie wir alle heute, daß Sex mit Depression ebensoviel zu tun hat wie mit Freude. Sie wußte, Sex ist die Stätte, wo alle Erwartungen und Illusionen sterben. Zwei Menschen, die Sex machen, sagte sie einmal, sind wie zwei Ertrunkene, die einander wiederbeleben.

Manchmal dachte ich, Sex wäre eine Flucht vor der Kunst, eine Regression in den Instinkt, aber es gab vor der Kunst kein Entkommen, wenn ich mit Sheri im Bett war. Sie erinnerte mich an einige Zeilen, die Wallace Stevens über Picasso geschrieben hatte. Wie kannst du dich in diesem Raum bewegen, fragte Stevens, wenn du nichts vom Wahnsinn des Raumes, nichts von den Späßen weißt, die der Raum gebiert? Für Sheri war Sex Raum, die Heiterkeit des Raumes. Sex war das Foyer des Wahns, ein kleines Picknick des Wahnsinns. In ihren weicheren Momenten, wenn sie sich fast schon sentimental fühlte, war sie Duchamps *Akt eine Treppe herabsteigend.* Sie *stieg* in meine Arme *herab.* Wie die Kunst, so bestand Sex mit ihr aus einem Schauer von Hypothesen, aus einer Auseinandersetzung zwischen dem Sein und dem Nichtsein, zwischen Affirmation und Verneinung, Optimismus und Pessimismus, Illusion und Realität, Kommen und Gehen.

Die meisten Menschen würden sagen, daß Sex gegen Einsamkeit hilft, aber mit Sheri war Sex eine Ermittlungsarbeit in Sachen Einsamkeit, eine Safari in ihre entlegensten Zonen. Sie verstand die Kunst, mich auf der Höhe des Alleinseins in der Schwebe zu halten, wenn ich im Strom der Selbstvergessenheit trieb, die über einen kommt, wenn man in die letzten Stadien des Aktes eintritt. Sie pflegte meine Versuche, vorwärts und zum Ziel zu kommen, zu bremsen oder zu durchkreuzen – sie hielt mich fest, sie ließ mich erstarren, als wollte sie sagen: Schau wie allein du bist! Und dann schwebte ich über ihr, und über mir selbst, wie ein entkommener Ballon.

Sex mit Sheri war ein Feld der Verwüstung. Er glich

einem Wohnblock, den eine Abrißbirne zum Teil niedergerissen hat, so daß man die schrecklichen biologischen Farben sah, mit denen die Leute ihre Zimmer strichen, die jämmerlich kleinen Räume, die sie sich ausgesucht hatten. Man konnte ihre Leben wie Gips zerbröseln sehen. Sheri und ich waren ein Liebespaar, aber wir waren auch Feinde. Jeder von uns haßte und fürchtete, wofür der andere stand. In meinem Innersten fand ich sie seltsam, und sie fand mich in ihrem Innersten gewöhnlich. Wir waren in den meisten Dingen verschiedener Meinung; wir hatten keinen gemeinsamen Nenner außer der Begierde, und vielleicht noch nicht einmal das.

Sie sagte, ich versuchte, sie zu zerstören. *Zerstören* war ein Lieblingswort von ihr. Sie pflegte es zu dehnen – zerstööören – wie ein onomatopoetisches Wort, als würde etwas zerreißen. Wenn ich antwortete, daß ich nur versuchte, sie zu verstehen, sagte sie, verstanden zu werden sei eine verlogene Übereinkunft, wie ein Orgasmus.

Sie zeigte mir gerade genug von sich, um in Berührung zu bleiben. Sie war nur physisch da; sie war sichtbar, spürbar, hörbar. Ich konnte sie riechen und schmecken, obwohl sie kaum irgendwelche animalischen Ausdünstungen hatte. Wenn wir im Bett waren, war mein einziger Körperteil, den sie berührte, mein Penis, weil er am weitesten von mir weg war.

Ich jagte sie, wie ein Mann seinen Hut jagt, den der Sturmwind entführt, und sie wehte immer weiter fort. Es war nicht Liebe oder Begierde, was ich ihr gegenüber am deutlichsten empfand, sondern Angst. Sie vernebelte mein Gefühl dafür, was real war, so daß ich ständig alles kontrollieren und berechnen mußte. Ich war wie jemand, der sich nach einem Schock abtastet, um zu sehen, ob noch alles da ist. Da Sheri nie sagte: Ich bin hungrig, Hier drin ist es kalt oder Wie spät ist es?, war ich immer kurz davor, zu vergessen, daß es Dinge wie Hunger, Kälte und Zeit gab, daß das Leben ein durch Notwendigkeiten bedingter Zustand ist.

Das Zusammensein mit ihr glich einer Dauererektion: es schmerzt nach einer Weile. Ich hatte das Bedürfnis, mich hier und da zu langweilen – Langeweile ist Traumzeit –, aber sie ließ es nicht zu. Sie sagte, Langeweile sei ein bürgerliches Gefühl.

Es war wie ein Wettrennen zwischen uns, um zu einer endgültigen, allumfassenden Formulierung zu gelangen. Von Zeit zu Zeit dachte ich, ich würde Sheri einholen, daß wir über dieselben Dinge sprechen, zu einem Paar werden, daß wir uns der Welt als Einheitsfront darstellen würden, aber dann legte sie einen Zwischenspurt ein und ließ mich wieder hinter sich. Es erinnerte mich an ein Sechstagerennen, bei dem erst der eine, dann der andere nach vorne prescht. Wir übernahmen abwechselnd die Führung, und dann hängte sie mich ein für allemal ab. Sie tat das mitten in der Nacht, während ich schlief – es war typisch für sie, sich als Traum zu präsentieren.

Ich wachte auf und stellte sofort fest, daß sie nicht im Bett war. Wir schliefen ineinander verflochten wie verschlungene Initialen, und ich war so daran gewöhnt, daß sie in dem schmalen Bett auf mir lag, daß ich, wenn sie nicht da war, um mich nach unten zu drücken, an die Oberfläche des Schlafes trieb. Es war ungewöhnlich für sie, nicht im Bett zu sein – sie wachte nachts nie auf. Sie schlief tief und überließ sich dem ganz. Schlafen war das einzige, dem sie sich ganz hingab, die einzige Zeit, in der sie anonym war.

Als ich erwachte, schien es, als hätte sich im Zimmer etwas verändert. Etwas Dünnes, Feines lag in der Luft, ein zischender oder schriller Ton, eine leicht medizinische Schärfe, wie der Geruch von Kleidern, die aus der Chemischen Reinigung kommen. Obwohl ich es nicht genau definieren konnte, war es nicht unangenehm; ich achtete nicht darauf. Ich bemerkte auch, daß in der Küche das Licht brannte – es floß über den Boden, fast bis zum Bett. Ich dachte, Sheri müßte dort sein, und ich stand auf, um nachzusehen, was sie machte.

Als ich aufstand, wurde der Geruch stärker, aber das hatte für mich nichts zu bedeuten, da die Gerüche von Mietskasernen Romane füllen. Dann, als ich die Tür zur Küche erreichte, sah ich Sheri.

Sie saß auf einem Stuhl, einem Küchenstuhl aus Holz. Sie war nackt – wir schliefen nackt –, und ihre bloßen Füße ruhten auf dem schmutzigen Linoleum. Ihre Knie waren geschlossen, und ihre Arme hingen auf beiden Seiten des Stuhls herab, den sie hinüber zum Herd gezogen hatte. Sie lehnte ein wenig zur Seite gebeugt, um den Kopf auf den Herd zu legen, auf einem Handtuch, das sie sich zu einem Kissen zusammengefaltet hatte.

Alle Gashähne waren offen. Ich hörte sie zischen oder eigentlich nicht zischen, sondern wispernd ausströmen. Mein erster Gedanke war natürlich, sie abzudrehen, aber ich zögerte. Sie hatte mir beigebracht, nicht so überschwenglich zu sein. Die Hähne einfach abdrehen, das hieße, den springenden Punkt nicht erkennen. Es mußte für das, was sie machte, einen Grund geben. Der Stuhl, das zusammengefaltete Handtuch auf dem Ofen, das Gas – das alles hatte etwas zu bedeuten.

Natürlich war alles wie ein Traum – die Details waren so sonderbar und eindringlich wie die eines Traums –, und ich mußte mich selbst vergewissern, daß ich wach war. Dann betrachtete ich Sheri, um zu sehen, ob sie o.k. war, ob sie atmete, aber das war schwer zu sagen, alles an der Szene war kompliziert. Ihre Augen standen offen, und sie wirkte gelassen – man hätte nie angenommen, daß einige Zentimeter vor ihrem Gesicht Gas ausströmte. Sie sah in der Tat drein wie die Leute auf mittelalterlichen Gemälden, die ihre Köpfe zur Seite neigen, teilnahmslos und abgelenkt. Es kam mir zwar in den Sinn, daß sie in Gefahr sein könnte, aber ich wäre nicht erstaunt gewesen, wenn ich herausgefunden hätte, daß sie Gas atmen konnte.

Obwohl ich es hörte, obwohl es in den Raum zu strömen schien, machte mir das Gas weniger Sorgen als die Frage, was das Ganze zu bedeuten hatte. Ich riß mich zusammen und versuchte, mich zu konzentrieren. Ich atmete tief ein, inhalierte das Gas, nahm es in meine Lungen auf wie Rauch. Ich nahm auch Sheris nackten Körper in mich auf, die kleinen Brüste und die schweren Beine, die Blässe. Ich fühlte die ganze Wohnung in meinem Kopf brummen – das Geschirr im Spülbecken, den Schmutz auf dem Boden, die Bilder an der Wand. Ich konnte, ohne aufzusehen, die Decke aus gestanztem Zinn sehen und das Stück Zinnblech, das ich über ein Loch genagelt hatte, durch das eine Ratte hereingekommen war.

Während ich auf der Schwelle stand und mich an den

kalten Türrahmen lehnte, fühlte ich, wie mich eine plötzliche Welle oder ein Schwall von Trauer überspülte, als wäre unsere Liebe ein Herd, aus dem Sheri alles Gas abließ. Die Vergeudung machte ihr nichts aus; sie berührte sie nicht. Der Geruch war nun sehr stark, und ich erinnerte mich daran, daß sie es liebte, über den Tod zu sprechen; sie verglich ständig Dinge mit ihm und sagte, dies oder das sei wie der Tod.

Sie hatte eine Gänsehaut, und als ich auf mein eigenes nacktes Fleisch sah, bemerkte ich, daß auch ich eine hatte. Schau mal, wir haben beide eine Gänsehaut, sagte ich. Ich wollte, daß sie merkte, daß ich ruhig war, daß ich mit klarer Stimme sprechen konnte. Und dennoch fühlte ich mich wahnsinnig allein.

Ich versuchte, ihren Blick aufzufangen, damit sie mich wahrnahm. Wenn sie mich sah, würde sie es sich vielleicht noch einmal überlegen, sie würde selbst das Gas abdrehen. Sie würde sich daran erinnern, daß wir eine Abmachung hatten, daß sie mich aufgefordert hatte, zu kommen und mit ihr zu leben. Ich dachte, wenn sie mich ansehe, würde sie wehmütig werden.

Aber das war eine sentimentale Idee. Das Gas machte mich sentimental, es war Zeit, es abzudrehen. Ich riß alle Fenster auf, dann hob ich sie auf und trug sie zum Bett. Stell dir vor, wie reizend du sein könntest, sagte ich, wenn du dich nur entschließen wolltest zu sprechen. Aber ich wußte, sie würde nicht sprechen. Sie sprach nie, wenn ich es wollte, nur wenn es unwichtig war. Ich legte mich selbst schlafen, da mir nichts einfiel, was ich sonst hätte tun können; sie ermüdete mich bis zur Erschöpfung. Und als ich eindöste, dachte ich, daß ich sie bald würde verlassen müssen.

11

Als ich Sheri verließ, hatte ich keinen Ort, wo ich hingehen konnte, außer Brooklyn. Wohnungen waren immer noch schwer zu finden. Alle Menschen suchten eine Bleibe im Village, wie sie Liebe suchten. Aber nach Brooklyn zurückzukehren, auch nur für eine kurze Zeit, war das letzte, was ich wollte. Ich hatte Cityluft geschmeckt und würde nie mehr der sein, der ich gewesen war. Nach Hause zurückzukehren gab mir das Gefühl, eine Figur in einem jener Romane zu sein, von denen die Kritiker sagen, sie seien voller Zeitsprünge. Solche Romane habe ich noch nie gemocht.

Meine Eltern wußten nichts von Sheri, also erzählte ich ihnen, ich hätte drei Monate zur Untermiete gewohnt und suchte mir jetzt eine feste Bleibe. Sie sagten ja, natürlich, sie hätten Verständnis dafür, daß ich eine eigene Wohnung haben wollte – ich sei ja nun ein Veteran. Ich wußte nicht, was das Wort für sie bedeutete, aber sie benutzten es die ganze Zeit. Sie sagten immer wieder »Du bist jetzt ein Veteran«, als wäre dies für alles eine Erklärung, so als wäre ich im Krieg gefallen, und dieser Veteran wäre an meiner Stelle zurückgekommen. Sie dachten immer noch über den Krieg nach, ich hingegen hatte ihn bereits vergessen. Ich war Sheris Veteran, und der Krieg bedeutete mir nichts mehr.

Als ich aus dem Krieg zurückkam, hatte ich Brooklyn als ruhigen, sicheren Ort empfunden. Nun, nach dem Leben mit Sheri im Village, nahm ich Brooklyn überhaupt nicht mehr wahr, ich lief hindurch, ohne etwas zu sehen, ohne Neugier. Ich konnte mich nur erinnern, hier Kind gewesen zu sein.

Ich hatte den Buchladen geschlossen. Zum ersten Mal in meinem Leben empfand ich eine Abneigung gegen Bücher. Ich glaube, das kam daher, daß meine Erfahrung mit Sheri mich zu sehr an die Bücher im Laden erinnerte. Sheri und ich waren eine Geschichte von einem jungen, von Kafka beeinflußten Romancier. Alle waren damals von Kafka beeinflußt. Die Leute im Village verwendeten das Wort *kafkaesk* so, wie meine Eltern das Wort *Veteran.*

Aber ohne den Laden hatte ich den ganzen Tag nichts zu tun. Ich wanderte im Village umher, klingelte bei Hausverwaltern und fragte nach Wohnungen. Ich saß auf dem Washington Square und sah den Kindern beim Rollschuhlaufen, den Tauben beim Betteln und der Sonne beim Untergehen zu. Manchmal fuhr ich auf dem Deck des Busses in der Fifth Avenue bis zur 110th Street hoch und wieder zurück. Ich wollte keine Bekannten im Village sehen, weil sie mich an Sheri erinnerten, und ich wußte, sie würden mich nach ihr fragen.

Dann, gerade als ich irgendeine Beschäftigung brauchte, bat mich mein Freund Milton Klonsky, mit ihm zusammen einen Artikel zu schreiben, um den die *Partisan Review* ihn gebeten hatte. Der Artikel sollte über modernen Jazz sein, ein Thema, über das weder Milton noch einer der Herausgeber des *Partisan* irgend etwas wußte. Da ich mich schon immer für Jazz interessiert hatte, schlug Milton mir vor, eine erste Fassung zu schreiben, die er dann umschreiben wollte. Damit meinte er, ich sollte die Fakten liefern, und er würde sie in Prosa verwandeln.

Es ist mir nie in den Sinn gekommen, dieses Arrangement in Zweifel zu ziehen – die *Partisan Review* flößte mir Ehrfurcht ein, und ich fühlte mich durch Miltons Angebot geschmeichelt. Außer Notizen für mich selbst hatte ich nie etwas geschrieben. Ich kritzelte dauernd etwas auf kleine Blöcke, die ich mit mir herumtrug, notierte Ideen, Sätze, Bilder. Die Hälfte aller jungen Männer im Village machte sich solche Notizen. Sie machten sie in den Cafés, im Park, sogar auf der Straße. Man sah sie stehenbleiben und ihre Blöcke oder Notizbücher zücken, um irgend etwas zu notieren, was ihnen gerade aufgefallen war – die Farbe des Himmels, eine Straßenbiegung, eine Inkongruenz. Es waren Postkarten an die Literatur, die wir nie abschickten.

Ich nahm Miltons Vorschlag sehr ernst. Ich ging immer wieder nach Hause zu meinen Eltern und hörte stundenlang Jazz und legte dabei immer wieder dieselben Platten auf. Es paßte zu meiner Stimmung, die dem Text eines Bluessongs entsprach. Der ältere Jazz von Louis Armstrong bis Lester Young hatte mir immer gefallen, aber ich hatte mir nie etwas aus Charlie Parker gemacht, der damals der große Held war. Manchmal war er brillant, aber ich fand in Parkers Stil Anzeichen jener Geschwätzigkeit, die sich in der schwarzen Kultur bald ausbreiten sollte.

Außerdem schien es mir, als beruhte der Jazz zu sehr auf Improvisation, um eine vollwertige Kunstform zu sein. Niemand konnte aus dem Stegreif so gut sein. Und im Jazz war zu viel Kitsch. Er stammelte und überzog. Er hielt seine Sentimentalität für Weisheit.

Ich versuchte mir vorzustellen, was Meyer Schapiro über Jazz sagen würde. Glich Jazz wie *Les Demoiselles d'Avignon* dem Zerbrechen der Musik, der Spaltung des Atoms? Aber die *Demoiselles* hatten etwas Bedeutungsschweres, etwas Welterschütterndes, was der Jazz nicht besaß. Mir schien, Jazz war Volkskunst, nichts weiter. Vielleicht war es großartige Volkskunst, aber doch bloß von regionaler und vorübergehender Bedeutung.

Ich fand eine Parallele für den Jazz, nicht bei Schapiro, sondern in einem Seminar von Gregory Bateson. Bateson liebte es, Geschichten zu erzählen, und er konnte es sehr gut. In Neuguinea, erzählte er, lebte er beim Stamm der Iatmul und schlief in einer Strohhütte auf hohen Pfählen, als er eines Morgens bei Tagesanbruch vom Klang einer Trommel geweckt wurde. Er stand auf, schaute hinaus und sah einen einzelnen Mann, der zwischen den zusammengedrängten Hütten des Dorfes hindurchging und dabei eine Trommel schlug. Der Mann lief auf seltsame Weise, nach einem Zickzack-Muster – wobei er sich niemals umdrehte, sondern wenn er am Ende eines Abschnitts angelangt war, jedesmal rückwärts ging, Fersen voran. Und im Kontrapunkt zu seinem Getrommel sang er im Staccato ein trauriges Rezitativ.

Bateson erfuhr, daß dieser Mann ein Unrecht erlitten und erfolglos geklagt hatte. Der Stamm hatte seine Bitte um Gerechtigkeit zurückgewiesen, und so stand er jeden Morgen auf und trug dem Dorf seine Beschwerde immer wieder vor. Er versuchte, sie aufzuwecken, ihre Ruhe zu stören, sich in ihre Träume zu drängen. Als ich über den Jazz nachdachte, fiel mir dieser Mann wieder ein, und ich dachte, Jazzmusiker seien etwas von der Art.

Ich ging immer noch auf die New School, die sich gegen meine desillusionierte Stimmung resistent erwies. Meine Seminare fanden an drei Abenden der Woche statt, und ich nahm an ihnen etwas leidenschaftsloser teil als früher. Es war an einem dieser Abende, nach einer Sitzung bei Meyer Schapiro, als ich nach Brooklyn heimkam, um dort Sheri auf dem Schoß meiner Mutter vorzufinden.

Ich war von diesem Anblick völlig überrascht, ich hatte das Gefühl, gegen eine Glastür geprallt zu sein, wie es manchmal Menschen passiert, wenn sie das Glas nicht sehen. Sheri und meine Mutter gaben ein so groteskes Bild ab, daß ich einen Moment lang dachte, ich säße wieder in Schapiros Seminar und hätte *Guernica* oder einen de Kooning vor mir.

Sie saßen in einem Lehnstuhl im Wohnzimmer. Sheri saß nicht *mit* oder *neben* meiner Mutter in diesem Stuhl, sondern *auf* ihr. Sie hockte auf ihr wie ein Vogel auf der Stange. Trotz ihrer Magerkeit war Sheri viel größer als meine Mutter, die unter ihr wie ein Kind wirkte. Es war, als säße ein Erwachsener auf dem Schoß eines Kindes. Sheri saß schräg auf ihr, von meiner Mutter sah man nur Kopf und Schultern; sie lugte hinter Sheri hervor. Mein Vater saß in einer Zweier-Couch gegenüber auf der anderen Seite des Zimmers.

Sie schauten sich ein Fotoalbum an, unser Familienalbum. Ich kannte diese Fotos nur allzu gut. Ich sah sie im Geiste vor mir, meine Schwester und ich, wie wir vor Schornsteinen und Giebeln auf schwarzen Teerdächern posierten. Manchmal konnte man in der Ecke des Fotos

Wäsche an der Leine flattern sehen, man hängte damals die Kleider zum Trocknen noch auf dem Dach auf. Mein Vater nahm uns dort mit hinauf, weil er dachte, wir bräuchten mehr Licht; er quälte uns mit Licht. Auf den Fotos wirkten wir hilflos und blind, wie im Fernlicht eines Autos gebannte Rehe.

Das war, bevor man Kameras zu seinem Vorteil benutzte, um sich ausschließlich von der besten Seite zu zeigen. Das Licht in unserem Fotoalbum glich dem gleißenden Licht der Wahrheit; es gab da keine Schatten, so wie es auf Paßbildern keine gibt. Es machte unsere Gesichter blaß, unsere Augen dunkel, unsere Haut fast faltig. Mein Vater – denn immer war er es, der die Bilder machte – ertappte uns auf frischer Tat, ohne Maske. Wir blickten in die Kamera, als sollte es das letzte Mal sein, jetzt oder nie. Weil mir diese Bilder absolut, kunstlos und wahr zu sein schienen, wollte ich nicht, daß Sheri sie sah. Sie zu sehen hieß, zuviel über mich zu wissen. Wenn sie mich sah, mich als Kind, würde sie dieses Kind belästigen.

Ich wollte ihr das Album wegnehmen, aber wie konnte ich das? Unter diesen Umständen konnte ich nicht einmal mit ihr reden. Ich hätte weiß Gott was gesagt, und sie hätte dementsprechend geantwortet. Sie beobachten und versuchen, sie auf irgendeine Weise zu bändigen, war alles, was ich tun konnte. Ich saß neben meinem Vater auf der Zweier-Couch und starrte mit einer Mischung aus Besorgnis und Begierde auf ihre bleichen, schweren, strumpflosen Beine.

Meine Mutter zeigte sich in zweideutigen Situationen von ihrer schlechtesten Seite, sie war dann fast hilflos. Sie konnte nicht improvisieren. Sie war ein Planer; sie rechnete gerne. Ich konnte sehen, daß es sie nervös machte, Sheri auf dem Schoß zu haben; sie rang nach Luft. Dennoch hatte ich Angst, einzugreifen. Solange ich sie auf dem Schoß meiner Mutter sitzen ließ, würde sich Sheri in gewissem Maß benehmen.

Mein Vater verhielt sich in allen Dingen bewußt anders als meine Mutter. Er war überzeugt von sich und seinem sicheren Auftreten und glaubte, jeder Situation gewachsen zu sein. Im French Quarter war er eine allseits beliebte Erscheinung gewesen, bekannt für seine Geschichten, ein einstiger Beau, einer, der immer den Vogel abschoß, ein Tänzer, der dazu noch ein bißchen boxen konnte. Er betrachtete Sheri ganz offen, er musterte sie scharf. Er war Bauingenieur und studierte sie wie eine Blaupause. Ich hatte ihn oft über Blaupausen brüten sehen, denn das war sein Job, er bekam sie vom Architekten und übersetzte sie für die Schreiner, Stukkateure, Maurer und Anstreicher in die Praxis. Er brachte die Blaupausen immer heim und machte daraus eine große Schau, als rette er den Bau vor dem Architekten, den er immer nur als kleinen Jungen hinstellte.

Was hielt er von Sheri?, fragte ich mich. Wie sah er sie? War sie nur ein weiterer Beweis architektonischer Narretei, eine Frau, wie sie sich ein Schuljunge vorstellte? Er mußte sie mickrig finden; er hätte mehr Balken, mehr Gips, mehr Material eingebaut. Er hatte mir einmal gesagt, ihm gefielen Floradoragirls, so um die achtzig Kilo.

Das Zimmer war vollgestellt mit Möbeln, die dem Geschmack meines Vaters entsprachen. Er war Hobbyschreiner und arbeitete am Wochenende im Keller. Ständig fertigte er Beistelltische, Couchtische und Kaffeetische an. Sie waren wunderbar gearbeitet und unterschieden sich in nichts von den besseren Möbeln in den Geschäften, außer daß sie in ihrer Gestaltung etwas Schweres und Untersetztes hatten, als wären sie dafür gemacht, von Floradoragirls benutzt zu werden. Sie wirkten zu handfest, zu unverwüstlich. Man hatte bei ihnen das Gefühl, sie würden ewig halten, sie würden einen überleben.

Die Stücke meines Vaters wegzugeben war das Hobby meiner Mutter. Sobald er einen neuen Tisch gebaut hatte, verschenkte sie einen alten. Die Aufnahmebereitschaft der Nachbarschaft war erschöpft; inzwischen beschenkte meine Mutter fast völlig fremde Leute.

Wegen Sheris Art zu sprechen nahm meine Mutter an, sie wäre Ausländerin. Sie sprach langsam und deutlich, ohne den starken Akzent, den sie aus New Orleans mitgebracht hatte. Sie hörte sich beinahe so an wie Sheri. Anatole hatte so einen Spaß am Spielen, sagte sie. Als kleiner Junge hat er dauernd gespielt. Vom Familienalbum verleitet, setzte sie zu einer Geschichte meiner Kindheit an.

Ich wartete auf ein Wort meines Vaters. Ich glaubte, daß auch er Sheri für eine Ausländerin hielt, und erwartete, daß er sich mit seinem Französisch oder Spanisch hervortun würde. Er hatte mir einmal erzählt, daß er als junger Mann in Mexiko Spanisch gelernt hatte. Aber er sagte überhaupt nichts zu Sheri; er war für seine Verhältnisse ungewöhnlich still. Seine Augen hatten sich verengt, und seine Lippen waren geschürzt, als meditiere er oder als forme er einen Gedanken, den er aber nie aussprechen sollte. Vielleicht war es Sheris Position auf dem Schoß meiner Mutter, die ihn davon abhielt. Er hatte seine Haltung verändert und betrachtete die beiden träumerisch. Wenn man ihn nicht beschäftigte, verlor er sich immer in Träumereien.

Er war nicht eigentlich gesprächig – was er liebte, war, Geschichten zu erzählen. Er bildete sich ein, er wäre ein Beobachter, ein Kommentator, ein Kabarettist. Dauernd erzählte er Anekdoten. Aber er fand in seinem Repertoire keine Anekdote, die er Sheri hätte erzählen können. Er konnte sie nicht *einordnen.*

Er hätte New Orleans nie verlassen sollen, aber meine Mutter nörgelte so lange an ihm herum, bis er es schließlich doch tat. Er hatte das French Quarter als allgemein beliebter Mann verlassen, aber als er in der Pennsylvania Station aus dem Zug stieg, schneite es, und niemand war da, um ihn abzuholen. Er lebte in New York unter Protest, ein Protest, den er nicht einmal sich selbst eingestand. Er schämte sich bei dem Gedanken, daß er sich unter Druck hatte setzen lassen, bis er die Stadt verließ, die er liebte.

Wir mußten weg, weil mein Großvater, der Vater meines Vaters, dauernd alle unsere Ersparnisse in Beschlag nahm. Er war der bekannteste Bauingenieur im French Quarter, und er nahm jedesmal den Vorschuß, den er für einen Auftrag bekam, und gab das Geld für Pferde oder Frauen aus. Wenn er dann das Material kaufen mußte, griff er auf unser Erspartes zurück. Er hatte seine vier Söhne dazu überredet, ihm eine Vollmacht auszustellen, aber mein Vater hätte ihm das Geld in jedem Fall gegeben. Und er zahlte es natürlich nie zurück.

Mein Vater konnte sich an New York City nicht gewöhnen. Einmal hatte er zum Beispiel auf der Baustelle einen Mann, den ihm die Schreinergewerkschaft aufgezwungen hatte und der keine Türen einhängen konnte. Mein Vater konnte nicht begreifen, wie ein Mann, der nicht wußte, wie man eine Tür einhängt, eine Arbeit als Schreiner annehmen konnte. Als er den Mann jedoch heimschickte, schickte ihn die Gewerkschaft wieder zurück. Vielleicht fragte er sich jetzt, während er Sheri betrachtete, ob ich sie heimschicken konnte.

Er setzte sich auf der schmalen Couch zurecht, drückte sich in eine Ecke. Er wirkte jetzt unentspannt, angestrengt. Er schielte und hatte seinen Kopf auf eine eigenartige Weise nach hinten gelegt. Diese sonderbare und doch vertraute Haltung war ein weiteres Bild aus dem Familienalbum. Ich sah dieses Bild deutlich vor mir, weil mein Verstand unnatürlich wach war. Sheris Anwesenheit in diesem Zimmer elektrisierte mich, und ich brauchte nur eine Minute, um zwanzig Jahre zurückzugehen und den Ausdruck auf dem Gesicht meines Vaters genau zu bestimmen. Es war der Ausdruck, den er hatte, wenn er auf den Händen ging.

Als wir in New Orleans lebten, hatte mein Vater die Gewohnheit, manchmal auf den Händen zu laufen. Es kam über ihn, er stürzte sich auf den Boden, als wollte er tauchen, und dann stand er plötzlich auf den Händen. An Samstagabenden, wenn die Leute ihre Schaukelstühle vor das Haus stellten und jedem nach Geselligkeit und Entspannung zumute war, ließ sich mein Vater auf seine Hände nieder und lief ein Haus weiter zu einem seiner Freunde. Obwohl sie lachten, schien es niemand sonderbar zu finden. Die Männer waren in jenen Tagen auf einfachere Weise körperlich, auf seltsame Weise athletisch. Einmal lief mein Vater wegen einer Wette auf den Händen um den ganzen Block.

Als ich, mit zwei oder drei Jahren, meinen Vater das erste Mal auf seinen Händen gehen sah, erschrak ich furchtbar. Es war, als hätte er die ganze Welt auf den Kopf gestellt. Ich hatte Angst, er würde nie mehr auf die Füße kommen, daß er sich dazu entschlossen hätte, es da unten, auf seinen Händen wie ein Hund, besser zu finden. Er hatte auch eine seltsame Art, uns von dort unten aus anzublicken – wobei er seinen Blick nicht nach innen, nicht auf sein Kinn richtete, wie ich es zunächst erwartet hatte, sondern zu uns hochstarrte, er legte den Kopf so weit zurück, daß dieser auf den Schultern zu sitzen schien. Es war dieses Aufschauen, das mich so beängstigte, denn die Venen in seinem Nacken standen so weit vor, als würden sie jeden Moment platzen.

Das Stehen auf den Händen ließ sein Gesicht sehr angestrengt erscheinen. Er war angestrengt und lächelte zugleich, und ich dachte, er gliche einer monströsen Spinne, die über den Boden krabbelte. Nun, da er sich in die Ecke der Couch gedrückt hatte, schaute er auf Sheri, als stünde er mit gebogenem Hals und zurückgelegten Kopf auf den Händen.

Anatole hatte so einen Spaß an der Schule, sagte meine Mutter. Ihr zufolge hatte mir alles Spaß gemacht. Konnte das wahr sein? Sie hatte mich, bis ich mich weigerte, es anzuziehen, in einem Hemd aus billiger chinesischer Seide und mit einer Halskrause in die Schule geschickt. Er haßte es, einen Schultag zu versäumen, sagte sie. Einmal war er erkältet, und ich ließ ihn nicht fort, und er weinte und weinte.

Ich weinte? Wer war dieser Junge? Ich hatte nie von ihm gehört.

Und mager war er, sagte meine Mutter. Ich wußte nicht, was ich tun sollte. Er trank seine Milch nicht, außer es war

Hersheys Schokoladensirup darin. Ich holte immer Kräftigungsmittel beim Arzt, um ihn aufzubauen. Im Sommer kaufte ich ihm Bücher, um ihn in der heißesten Tageszeit im Haus zu halten. Er war ganz verrückt nach Tarzanbüchern.

Jetzt ging sie zu weit. Sheri wurde dieses magere Muttersöhnchen, das an allem so großen Spaß hatte, langsam leid. Sie setzte sich auf dem Schoß meiner Mutter zurecht, und ihre Augen glitzerten. Der Stuhl, auf dem sie saßen, war eine ältere Version des Barca-Lounger, und er hatte einen Knopf an der Lehne, um das Rückenteil zu verstellen. Jetzt sah Sheri mir lächelnd ins Gesicht und drückte dabei auf den Knopf, und sie und meine Mutter fielen in eine horizontale Lage zurück.

Sheris nackte Beine flogen hoch, und in dem Sekundenbruchteil, in dem sie abhoben, dachte ich, jetzt würden wir sehen, daß – ja, das war es, weswegen sie hergekommen war. Sie war mit der U-Bahn nach Brooklyn gekommen und hatte auf dem Stadtplan nachgesehen, wo wir wohnten, um meinem Vater und meiner Mutter zu zeigen, daß die Frau, mit der ich zusammenlebte, keine Unterhosen trug.

Erst im allerletzten Moment hielt sie ihre hochfliegenden Beine zurück und streckte sie steif von sich wie eine Turnerin. Aber was sie damit sagen wollte, war unmißverständlich. Es war eine Warnung; sie warnte mich, und ich wußte, ich mußte tun, was immer sie wollte. Ich stand auf und zog sie vom Schoß meiner Mutter, und sie ließ das Album zu Boden fallen. Ich stellte die Sessellehne hoch und tat so, als hätte Sheri zufällig den Knopf berührt.

Es ist schon spät, sagte ich, ich bringe Sheri heim. Meine Mutter stand vom Stuhl auf, als fürchtete sie, Sheri würde sich wieder auf ihren Schoß setzen, und mein Vater stand ebenfalls auf. Ich empfand ein schreckliches Bedürfnis, mich vor ihnen zu rechtfertigen, ihnen zu sagen, daß alles ganz anders war, als es schien, daß ich mich gar nicht so sehr verändert hatte, daß die Bilder im Album mein wahres Ich waren.

Mir war sofort klar gewesen, als ich sie in unserer Wohnung sah, daß ich mit ihr gehen mußte, aber ich wünschte, man hätte die Sache anders handhaben können. Dennoch hatte ich keine Zweifel, daß ich mitgehen wollte. Ich wollte die Nacht in der Jones Street verbringen, obwohl ich wußte, daß ich Sheri wieder verlassen mußte.

12

Ich fand schließlich eine Wohnung in der Prince Street, die damals die südöstliche Grenze des Village war, zwischen Sullivan und Thompson. Es war ein Wohnblock wie der von Sheri, für Einwanderer gebaut und alt und schäbig, ohne Lift. Der oberste Stock bestand aus drei Boxen, die so klein wie Kleiderkammern waren. Die Wohnung war beklemmend eng und schmutzigbraun, aber ich machte mir nichts daraus. Ich würde sie mir aneignen, zu meinem Zuhause machen, zu einem Studio, wie das magische Wort lautete, das wir immer benutzten. Ich blätterte dem Verwalter fünfzig Dollar hin, kaufte ein desinfiziertes Bett vom Trödel und zog ein. Jetzt, sagte ich mir, fängt das Leben an. Ständig fing ich an zu leben. Das Leben fing für mich immer wieder an, immer wieder neu, immer wieder zum letzten Mal.

Ich hatte mich so sehr darauf gefreut, eine eigene Wohnung zu haben, ich hatte mich in diese Idee so sehr verliebt und sie in der Armee die ganze Zeit mit mir herumgetragen, daß ich ganz erstaunt war, nach den ersten paar Tagen dort zu entdecken, daß ich einsam war. Ich konnte nicht begreifen, wie das geschehen konnte. Sich in Brooklyn oder in der Armee einsam zu fühlen war eine Sache, aber wie konnte ich mich in meiner eigenen Wohnung in Greenwich Village einsam fühlen? Ich hatte mir noch nicht klargemacht, daß Einsamkeit nicht so sehr ein Gefühl als vielmehr ein Schicksal war. Es war die Einsamkeit, die die Straßen im Village belebte und die Bars füllte, die Einsamkeit schien das Village zu einem so lebendigen Ort zu machen.

Wenn ich auf die späten vierziger Jahre zurückblicke, scheint es mir, als wären die Amerikaner damals zum ersten Mal mit ihrer Einsamkeit konfrontiert gewesen. Die Einsamkeit war wie der Morgen nach dem Krieg, wie ein gewaltiger Katzenjammer. Der Krieg hatte den amerikanischen Lebensrhythmus unterbrochen, und als wir versuchten, ihn wieder aufzunehmen, konnten wir ihn nicht wiederfinden – er war nicht mehr vorhanden. Es war, als wäre eine große Bombe hochgegangen, als hätte eine Bewußtseinsexplosion im Leben Amerikas alles zertrümmert. Davor waren wir zu sehr damit beschäftigt, klarzukommen, zu konventionell, um einsam zu sein. Die Welt war kleiner gewesen, und wir hatten sie ausgefüllt.

Ich dachte an Sheri und fragte mich, ob sie trotz all der Schwierigkeiten, die sie mir bereitete, nicht doch besser war als diese Einsamkeit. Auch mit ihr war ich einsam gewesen, das sah ich jetzt. Sie war keine Gesellschaft im üblichen Sinn. Zwischen Anfällen von Begierde, zwischen Augenblicken der Ablenkung, war ich einsam. Es gab keinen Frieden mit ihr. Sie war wie eine immer wiederkehrende Versuchung, ein Verbrechen zu begehen.

Der Vormieter, wer auch immer es gewesen war, hatte die Wände mit breiten vertikalen Streifen in drei verschiedenen Blautönen bemalt. Ich lag auf meinem desinfizierten Bett und fühlte mich so schwermütig wie dieses Blau, schwermütig in allen Schattierungen. Es erschütterte meinen Glauben. Es war meine erste große Enttäuschung als Erwachsener, meine erste Nachkriegsniederlage. Ich raffte mich kurz auf und strich die Wände grasgrün. Ich spannte Rupfen über die Fenster, aber ich blieb einsam. Nun war es eine grüne Einsamkeit.

Nach einiger Zeit ging ich in Sheris Wohnung, um einige Kleider und Bücher zu holen, die ich dort liegengelassen hatte. Ich wählte eine Zeit, zu der sie nicht zu Hause sein würde – ich wußte, wenn ich sie sah, würde alles wieder von vorn anfangen.

In diese Wohnung zurückzukehren war ein größerer Schock, als ich erwartet hatte. Ich trat in die Tür und kam nicht durch die Küche. Der Raum war so voll von Erinnerungen, daß kein Platz war, mich zu bewegen. Ich spürte, daß ich Sheri vor langer Zeit verlassen hatte, als ich noch jemand anderer, als ich noch jünger und wilder war. Ich stand mitten in der Küche und lauschte, als könnte sie die Treppe hochkommen und mich auf frischer Tat ertappen, einen Dieb, der im Begriff war, Erinnerungen zu stehlen. Ich sah und empfand wie nie zuvor, was für ein Abenteuer sie gewesen war. Sie hatte mich eingefangen, sie hatte ihren Zauber walten lassen. Sie hatte mir die Zukunft gezeigt. Sie machte mich schwindlig.

Der Abwasch war immer noch in der Spüle. Es mußte dasselbe Geschirr sein, das sich da für alle Zeiten stapelte, auf das ich gepißt hatte, in meiner ersten Nacht hier. Es glich einer Skulptur, einem Gemälde von Magritte, einem enigmatischen Element in einem modernen Dekor, denn wir hatten nicht ein einziges Mal in dieser Wohnung gegessen oder auch nur gefrühstückt. In den Küchenschränken waren nicht einmal Konserven, nichts Eßbares.

Das Bett im Raum dahinter rief nach mir. Wie klein es bei all den Entfernungen war, die wir darin zurückgelegt hatten. Wir waren Engel gewesen, die auf einer Nadelspitze tanzten. An den Türpfosten gelehnt, schaute ich auf das Bett wie auf ein Museumsstück, als stünde es hinter einer Absperrkordel, wie auf die verhangenen vier Pfosten eines königlichen Himmelbetts.

Als ich das Bett, das enger als ein Feldbett war, zum ersten Mal sah, fragte ich Sheri, ob man es ausziehen könnte, und sie sagte nein, das ginge nicht. Obwohl ich etwas bemerkt hatte, das wie ein doppelter Rahmen aussah, nahm ich an, er wäre kaputt, und vergaß die Sache. Nur so, um irgend etwas zu tun, langte ich jetzt unter das Bett und zog an dem Rahmen. Er ließ sich ziemlich leicht herausziehen; ich sah nicht, was daran kaputt sein sollte. An einer Seite war ein Hebel. Als ich ihn drückte, kam die zweite Hälfte des Bettes nach oben und rastete ein.

Sie hatte also gelogen. Das ging mir auf und rastete in meinem Hirn ein, so wie das Bett aufgegangen und eingerastet war. Aber weshalb? Die einzige Antwort, die mir einfiel, war, daß Sheri gerne Schwierigkeiten machte. Für sie waren Schwierigkeiten Kunst, eine Kunstform – man kreierte sie. Eine Lüge war interessanter als die Wahrheit. Sie haßte die einfache, gewöhnliche Wahrheit – für sie war die Wahrheit ein Versagen, eine Kapitulation, ja eine Anklage. Die Wahrheit, sagte sie einmal, ist etwas für Tiere; sie können sie riechen.

Vielleicht hatte sie zum Spaß gelogen. Ich würde es niemals erfahren. Ich würde mir bei ihr nie einer Sache sicher sein, und diese Einsicht, die plötzliche Einsicht in die letzten Konsequenzen dieses Gedankens, machte mich müde. Sie brachte in mir wieder die Anstrengung des Lebens mit ihr hoch, die ungeheure Mühsal, die dauernde Anspannung. Ich fühlte mich bei der Erinnerung daran so müde, daß ich mich auf dem Bett ausstreckte. Wie würde sich das anfühlen? Ich konnte mich nicht daran erinnern, jemals ohne sie in diesem Bett gewesen zu sein. Ich lag da und dachte über sie nach. Ich hatte sie immer durch den Schleier meiner Erregung wahrgenommen, aber nun wollte ich sie durch meine Erschöpfung wahrnehmen, sie mit halbgeschlossenen Augen betrachten. Ich lag auf dem Bett wie ein Patient in einem Krankenhaus, der dabei ist, zu genesen.

Und doch war es auch so, daß sie versucht hatte, mir zu helfen, mich elastischer oder phantastischer, moderner zu machen. Sie hatte versucht, mich aufzuklären, mir beizubringen, wie man sich leicht macht, mich aus meiner Naivität zu erlösen. Sie hatte mir eine Reihe von Rätseln oder Parabeln aufgegeben, um mich durch konkrete Beispiele zu erbauen, so wie man es bei Kindern macht, die abstrakte Begriffe nicht verstehen. Die Stufen zum Beispiel, die Stufen, die ich sie hinauftrug – das war eine ihrer Unterrichtseinheiten. Ihr Herz war ganz in Ordnung – dessen war ich mir plötzlich sicher. Hätte ich auch nur einen Augenblick nachgedacht, hätte ich es erkannt. Es war wie mit dem Bett – sie mußte einen Weg finden, die alltägliche Monotonie zu durchbrechen. Junge Männer sind so monoton.

Wie listig es von ihr war, ihr Herz ins Spiel zu bringen,

wo sie doch kaum eines hatte, mir weiszumachen, es könnte versagen oder brechen. Ich mußte bei der Vorstellung lächeln, wie ich atemlos und rot im Gesicht die Treppen hochgestiegen war und sie auf Händen getragen hatte. Sie hatte mir etwas aufgegeben, einen Liebesdienst, sie hatte *mich* auf den Arm genommen.

Sie hatte sich immer meiner Neugierde widersetzt, und jetzt, da sie mich nicht daran hindern konnte, forschte ich sie aus; ich durchwühlte ihre Geheimnisse. Ich stand auf und ging in das nächste Zimmer, um ihre Bilder anzusehen. Das auf der Staffelei, das letzte Bild, das sie gemacht hatte, hieß *Anatoles Ontologische Konspiration. Ontologisch* war eines meiner Lieblingswörter, man hörte es jede Nacht in der San Remo Bar, wo die jungen Autoren herumhingen. In einem der Bücher in meinem Laden sagte John Crowe Ransom, ein Kritiker müsse ein Gedicht als ein verzweifeltes metaphysisches oder ontologisches Manöver betrachten. Es war, als hätten wir nicht nur das Wort, sondern die Existenz an sich gerade erst entdeckt. 1946 existierten wir zum ersten Mal.

Ich widme dir dieses Bild, hatte Sheri gesagt. Ich gebe es dir – es gehört dir. Sie gab es mir, als würde ich es deshalb mögen. Nun fragte ich mich, ob ich es tatsächlich mochte, aber ich konnte es nicht sagen; ich wußte es nicht. Das Bild war ein Teil von ihr, den ich vom Rest nicht trennen konnte. Vielleicht war es der greifbarste Teil an ihr – greifbarer zum Beispiel als ihr Geschlecht.

Es war natürlich ein abstraktes Gemälde, zusammengerückte oder zusammengebrochene Flächen in Oliv, Kobaltblau und Braun vor einem dunkelgelben Hintergrund. Eine fette schwarze Linie wölbte sich über den oberen Teil der

Leinwand wie das Negativ eines Regenbogens. Die Komposition erinnerte mich an gegen eine Wand gestapelte Türen aus einem abgerissenen Gebäude. Als sie das Bild malte, hatte ich ihr zugesehen und versucht, ihrer Logik zu folgen, zu sehen, wie sich eins aus dem andern ergab, und welche Art von Entscheidungen das Bild verlangte. Ich versuchte mir vorzustellen, wie sie sich selbst das Bild beschreiben würde.

Als sie es fertig hatte, fragte ich sie: Was sagt dir dein Gefühl, was hast du getan? Auf welche Weise ist dieses Bild für dich notwendig? Aber sie lachte nur. Du wirst nie ein Mann sein, sagte sie, bis du ohne Erklärungen leben kannst. Tod ist die einzige Erklärung. Erklärt zu werden, verstanden zu werden ist wie Sterben. Aber es ist so ein einsames Gefühl, sagte ich, wenn man nie verstanden wird. Ich denke, mir wäre es lieber, man verstünde mich nur halb oder falsch, als überhaupt nicht.

Sheris Ausdruck in diesem Moment erinnerte mich an die Antwort von Bill de Kooning, als er gefragt wurde: Was bedeutet für Sie abstrakte Kunst? Er sagte: Offen gestanden verstehe ich die Frage nicht, und dann begann er einen Mann zu beschreiben, den er vierundzwanzig Jahre vorher in Hoboken kennengelernt hatte, einen Deutschen, der in Europa immer an Hunger gelitten hatte:

In Hoboken fand dieser Mann einen Laden, wo man alle Sorten von altem Brot sehr billig kaufen konnte, französisches Brot, deutsches Brot, dänisches Brot, amerikanisches Brot und russisches Schwarzbrot. Er kaufte große Tüten davon und ließ es noch härter werden, dann zerkrümelte er es und streute es auf den Boden seiner Wohnung und lief darauf umher, als wäre es ein weicher Teppich.

De Kooning sagte, er habe den Mann aus den Augen verloren, habe dann aber Jahre später von jemandem, der diesen Mann zufällig getroffen hätte, erfahren, daß er eine Art *Jugendbund*-Führer geworden war und Jungen und Mädchen sonntags nach Bear Mountain führte. Er war außerdem Kommunist geworden. Ich konnte nie aus ihm schlau werden, schloß de Kooning, aber wenn ich jetzt an ihn denke, kann ich mich an nichts weiter erinnern, als daß er einen sehr abstrakten Ausdruck im Gesicht hatte.

Es war Zeit zu gehen. Ich spürte, daß ich sentimental wurde, während ich es mir in der Wohnung gemütlich machte und mich nur an die angenehmen Sachen erinnerte. Ich beschloß, das Bild mitzunehmen. Ich wollte es auf jeden Fall mitnehmen, ob es mir gefiel oder nicht, ob es erklärbar war oder nicht. Ich wollte es über mein Bett hängen, das viel zu breit war.

Es fiel mir schwer, in der Prince Street heimisch zu werden. Solange ich mich auf den Einzug freute, war der Gedanke an meine Wohnung voller Verheißungen; ich machte mir von ihr die sonnigsten Vorstellungen, ich dachte sie mir als eine Kiste, die ich öffnen würde, um in ihr Geschenke zu finden, als packte ich mein Leben aus. Aber jetzt, da ich meine Wohnung hatte, schien sie einfach ein Warteraum zu sein. Ich saß oder lag in ihr herum und wartete. Ich wußte nicht einmal, worauf ich wartete. Was ich brauchte, war natürlich irgendeine Tätigkeit. Der abendliche Besuch der New School genügte nicht. Sheri war ein Ganztagsjob gewesen, aber jetzt war ich arbeitslos.

Ich hätte gerne jemanden in meine Wohnung eingeladen, nur auf eine Stunde oder so, auf ein Bier oder auf eine Tasse Kaffee. Ein Besucher hätte mir geholfen, die Wohnung einzuweihen, aber es gab niemanden, den ich hätte fragen können. Ich kannte keine Mädchen außer Sheri, zumindest nicht gut genug, um sie in meine Wohnung einzuladen. In die Wohnung eines Mannes zu gehen, war damals eine ernste Angelegenheit. Und es wirkte unnatürlich, einen Freund zu fragen – Männer trafen sich in Bars.

Es dauerte jedoch nicht lange, und ich hatte einen Besucher. Eines Abends klopfte es an die Tür. Es war noch früh, und ich hörte Jazz im Radio und versuchte gerade herauszufinden, was ich mit dem Abend anfangen sollte. Es war mir noch kein einziges Mal gelungen, einen Abend zu Hause zu verbringen.

Ich stand auf, um an die Tür zu gehen. Ich dachte, es könnte Sheri sein; vielleicht hatte sie herausgefunden, wo ich wohnte. Ich hatte noch kein Telefon, und vielleicht hatte sie sich entschieden, bei mir vorbeizuschauen. Immerhin war sie nach Brooklyn gefahren.

Aber an der Tür war ein Mann, ein Fremder. Er hielt etwas in der Hand, er zeigte mir etwas, und ich hielt ihn für einen Wohnungsinspektor oder Gasmann. Es war meine erste Wohnung, und ich wußte nicht, was mich erwartete. Dann sah ich, daß es eine Blechmarke war, die er mir hinhielt. Es war ein Polizist. Gegen Sie liegt eine Beschwerde vor, sagte er, nachdem ich mich ausgewiesen hatte. Sie werden mit auf die Wache kommen müssen.

Ich fühlte mich sofort schuldig, gleichzeitig sagte ich mir jedoch, daß ich unschuldig war. Ich hatte nichts getan, obwohl es fast beschämend klang, es so zu formulieren.

Der Polizist stand in der Tür und musterte mich, dann schnalzte er mit den Fingern. Das Bild, sagte er. Bringen Sie das Bild mit.

Es dauert eine Weile, bis man einen Verrat als solchen registriert. Anfangs will man ihn nicht wahrhaben. Man sagt sich: Sei nicht albern, oder: Das ist nicht möglich. Was dann kommt, ist ein blinder Fleck, ein Schweigen, etwas gruppiert sich um. Dann geht man langsam, nach und nach, den Charakter des anderen durch. Man wägt alle Beweise ab, die gegen die Idee eines Verrats sprechen und sagt sich: Nein, es kann nicht sein.

Dann geht man noch einmal, wie eine Tür, die in einem Luftzug in den Angeln schwingt, die gemeinsame Geschichte durch. Man beginnt, sich den Verrat vorzustellen, als Hypothese – als absurde Hypothese, als schlechten Witz. Skeptisch, wie im Spiel, gibt man zu, daß die Umstände auf diese Weise interpretiert werden könnten, aber nur dann, wenn der Verrat einen nicht selbst, sondern jemand anderen betroffen hätte. Und dann weiß man plötzlich, daß es so ist.

Der Kriminalbeamte hatte einen Wagen, und wir fuhren schweigend zur Wache in der Charles Street, wo wir einige Treppen zu einem großen Raum mit Holzschreibtischen und bleichen graugrünen Wänden hochstiegen. Außer uns war niemand im Zimmer. Damals gab es noch nicht soviel Kriminalität.

Der Detektiv, dessen Name so ähnlich klang wie Scanlon, nahm mir das Bild ab und stellte es so auf den Schreibtisch, daß es an der Wand lehnte. Eine Miss Sheri Donatti, sagte er, hätte den Diebstahl eines wertvollen Gemäldes angezeigt und mich als wahrscheinlichen Täter benannt.

Ich starrte ihn an, weil ich nicht auf das Bild blicken wollte, das mich in diesem Raum verwirrte. Es war dasselbe Gefühl, als ich heimkam, um Sheri auf dem Schoß meiner Mutter sitzend vorzufinden. Solche konstruierten Zusammenstellungen waren ihre Spezialität. Ich habe es nicht gestohlen, sagte ich. Sie hat es mir geschenkt.

Scanlon schüttelte den Kopf, als weigere er sich, mir den Ball zuzuspielen.

Das Gemälde ist nach mir benannt, sagte ich. So zu tun, als hätte ich es gestohlen, ist ihre Art zu scherzen.

Viele Leute machen Scherze, sagte Scanlon, aber das Gesetz muß sie ernst nehmen.

Was soll ich denn machen?, sagte ich. Ich habe sie nicht um eine Quittung gebeten, als sie es mir geschenkt hat. Sehe ich aus wie ein Dieb?

Scanlon trug einen grauen Zweireiher und einen bleichen, blauen Fedora. Kriminalbeamte mußten damals solche Hüte tragen, sie waren Teil ihrer Uniform. Nun knöpfte er sein Jackett auf, nahm seinen Hut ab und legte ihn auf den Schreibtisch neben das Bild. Nein, sagte er, Sie sehen aus wie ein Verliebter. Er schwang die Füße auf den Schreibtisch. Er war ein großer Mann mit großen Füßen. Es gibt zwei Möglichkeiten, die Sache zu regeln, sagte er, eine ist einfach und die andere kompliziert. Die einfache ist, Sie lassen mir das Bild da, und ich spreche mit Miss Donatti.

Nein, sagte ich. Das ist mein Bild; es gehört mir. Sie hat es mir geschenkt, und ich werde es behalten, ob es wertvoll ist oder nicht. In diesem Augenblick hatte ich das Gefühl, daß das Bild das einzige war, was sie mir je geschenkt hatte, daß sie sich alles andere wieder genommen hatte. Die Frage war nicht, wie wichtig mir der Besitz des Bildes war – es ging nur darum, daß hier erstmals eine eindeutig formulierte Streitfrage zwischen uns vorzuliegen schien, daß hier ein einziges Mal unsere Positionen klar definiert waren.

Scanlon schüttelte wieder den Kopf. Ich denke, Sie machen eine Dummheit. Wenn Sie das Bild nicht hergeben, muß ich Sie vor den Richter bringen. Und Sie können nicht gewinnen. Sie müssen einsehen, daß Sie nicht gewinnen können. Das einzige, was für Sie dabei herauskommt, ist eine häßliche Szene und ein wundes Herz. Es wäre nicht schön, Miss Donatti so in Erinnerung zu behalten.

Er war erstaunlich, dieser Scanlon. Er glich einem Iren, wie er im Buch steht, einem verkrachten Anwalt oder einem aus dem Amt gejagten Priester. Ich fragte mich, ob er auf Fälle wie diesen, auf Streitereien um Bilder oder Bücher oder Betten oder Stühle so spezialisiert war, daß er in alldem eine Komödie sah. Ich fühlte mich sehr versucht, ihm die ganze Geschichte zu erzählen – von Sheris Wohnungsangebot, der Druckerpresse hinter der Tür, dem Abwasch in der Spüle.

Er versuchte nicht, mich zu drängen. Er wartete ab, als ob er unendlich viel Zeit hätte. Die Füße auf dem Schreibtisch, lehnte er sich zurück, und ich hatte Zeit, mir Sheri auf der Wache vorzustellen, wie sie auf demselben Stuhl saß wie ich jetzt und mit dem starren Gesicht der entrüsteten Avantgardistin Scanlon in ihrer sonderbaren Sprache erzählte, daß ich das Bild gestohlen hätte.

Wie hatte sie das tun können? Es war etwas zwischen uns, der Streit eines Liebespaars, doch sie hatte die Polizei gerufen. Sie hatte Scanlon in unser Bett geholt, das schon so eng war. Sie hatte gegen die Spielregeln verstoßen, Spielregeln, welche alle Liebenden anerkannten, ohne die so etwas wie Liebe unmöglich, undenkbar gewesen wäre. Aber eben das war es, was ihr Freude bereitete, gegen die Spielregeln zu verstoßen. Es war das einzige, was ihr Freude machte – sie konnte es mir nicht verzeihen, daß ich gesetzestreu war.

Es ist die Sache nicht wert, sagte Scanlon. Er lehnte sich zurück, bis er mich zwischen seinen Füßen hindurch ansah. Wenn Sie hier rausgehen, sagte er, werden Sie sehen, daß es auf den Straßen von bleichgesichtigen Mädchen wimmelt.

Ich konnte nicht denken. Ich mochte nicht denken. Ich hatte Angst, zu denken.

Na gut, sagte Scanlon. Er schwang die Füße vom Schreibtisch und setzte den Hut wieder auf. Sein Ausdruck änderte sich; er wurde energisch und zielbewußt. Er hob das Bild hoch und hielt es auf Armlänge, so daß wir es zusammen von unseren entgegengesetzten Seiten des Schreibtischs aus betrachten konnten. Er wollte mich einladen, es als das zu betrachten, was es war – aber was war es? Seit ich Sheri kannte, hatte ich versucht, diese Frage zu beantworten.

Er wartete, während ich dasaß wie ein Zeuge im Zeugenstand, der sich nicht erinnern kann. Dann griff er mit der anderen Hand zu, so daß er das Bild mit beiden Händen festhielt. Und während er mich die ganze Zeit beobachtete, drehte er es wie jemand, der ein Rad dreht. Dann lehnte er es wieder an die Wand, mit der falschen Seite nach oben. Schauen Sie, sagte er. Man kann diese Bilder auf den Kopf stellen, und man weiß nicht, wo oben und unten ist.

Was? Ich starrte ihn erstaunt an, und eine Welle von Abscheu überspülte mich. Also war er doch nicht so schlau. Er war bloß ein Bulle, ein irischer Bulle.

Nein, sagte ich, das stimmt nicht. So einfach ist das nicht. Aber es war sinnlos, mit ihm herumzustreiten. Ich sprach nicht mit Meyer Schapiro; das hier war nicht die New School. Jedenfalls war es nicht Scanlon, mit dem ich mich herumzuschlagen hatte – letztlich war er nur ein unschuldiger Zuschauer, wie ich. Wir waren nichts weiter als zwei Männer, die aus der Liebe und aus der Kunst nicht schlau wurden.

Mit einer Trauer, die geduldig auf mich gewartet hatte, sah ich schließlich ein, daß ich das Bild würde hierlassen müssen. Und das war nicht alles; es war mehr als das – auch Sheri würde ich hier, in diesem Raum, auf dem Schreibtisch zur Schau gestellt, verlassen müssen. Es war, wie Scanlon gesagt hatte, nicht schön, sie so in Erinnerung zu behalten.

Teil 2, nach Sheri

13

Viele Leute im Village waren groß im Reden – das war schließlich unsere Hauptbeschäftigung –, aber die Reden, die Saul Silverman führte, waren von *hohem Ernst.* Wir liebten diese Phrase. Sie stammte von Matthew Arnold, den keiner von uns je gelesen hatte. Es ist schwer, zu erklären, was der Ausdruck für uns bedeutete – jeder von uns hätte ihn anders definiert –, aber ich nehme an, wir meinten damit den Versuch, die Welt im großen und ganzen zu sehen. Hoher Ernst bedeutete, mit Größe auf vertrautem Fuß zu stehen, sich im großen Maßstab den Kopf zu zerbrechen. Es schien beinahe, als ginge es um ein Evangelium – Saul erwartete von Ideen eine Art Erlösung. Unsere Ideen würden uns vor unseren Sünden erretten. Er war ein Typus, der damals ziemlich verbreitet war, der aber anscheinend aus der Mode gekommen ist.

Reden war für Saul ein derart leidenschaftlicher Akt, daß er sich einen buschigen Schnurrbart hatte wachsen lassen, um seinen Mund zu verbergen. Der Anblick dieses Sprachorgans – der Worte im Augenblick ihrer Ausformung, der Arbeit von Lippen und Zunge – wäre zuviel des Guten gewesen. Manchmal legte er die Hand über den Mund und sprach durch Finger und Schnurrbart zugleich. Er hatte Probleme mit den Polypen, so daß er beim Sprechen den Kopf zurückwarf wie ein krähender Hahn.

Saul erinnerte mich an einen Jungen namens Meyer, der mit mir die vierte Klasse der 44. Grundschule in Brooklyn besucht hatte. Meyer war dünn und hatte dunkles, lockiges Haar und ständig hochgezogene Schultern. Seine Gesichtszüge waren auf so emphatische Weise artikuliert, daß er auch bei völliger Untätigkeit hysterisch wirkte. Wenn ihn der Lehrer aufrief, stellte sich Meyer gewöhnlich in den Gang, warf den Kopf zurück und rang nach Luft, indem er seine Stimme widerwillig durch die Kehle und Nebenhöhlen drückte und aus seiner Nase preßte. Die Sätze, die er schließlich auf diese Weise ausspuckte, waren außerordentlich präzise. Er verschluckte die Konsonanten und spie sie dann in den Raum, und ich erinnere mich, daß ich dachte, ohne es freilich so zu formulieren, daß die gezackte Präzision der Worte, die er gebrauchte, die Ursache dafür war, daß sie sich unter solchen Mühen ihren Weg bahnten.

Es gab noch zwei oder drei Jungen wie Meyer in der Schule – dünne Kerlchen mit Falkengesichtern, Hakennasen und gedrosselten Stimmen. Sie waren alle jüdisch, und ich dachte in meinem mechanistischen Achtjährigenhirn, daß ihre Probleme beim Sprechen etwas mit der Struktur ihrer Nasen zu tun haben müßten. Ich dachte, das Sprechen wäre für sie so etwas wie ein Kreischen, so etwas wie ein Schrei der Wut und Verzweiflung. Sie waren hin- und hergerissen zwischen dem Verlangen, uns ihre Wörter ins Gesicht zu schleudern, und einem traditionellen Hang zu Heimlichkeiten. Ihr Sprechen reichte gerade so weit wie ihre Nasen und hielt dort inne, wie ein Schnupfen.

Obwohl ich ein guter Schüler war, wußte ich, daß ich nie so pfiffig sein konnte wie diese jüdischen Jungen, deren Pfiffigkeit ihnen die Luft abschnürte. Dazu waren sie herangezüchtet worden – ihr Verstand hatte die Flinkheit von Rennpferden. Sie hatten einen weiteren Vorteil auf ihrer Seite: Während ich im Grunde ein fröhlicher Bursche war, den seine überschwengliche Geselligkeit dauernd ablenkte, fand sich in den brillantesten jüdischen Jungen eine brütende Trauer, die bewirkte, daß sie in sich gekehrt waren und tiefsinnig wurden. Ich sah in ihnen Marsmenschen, Kreaturen eines entwickelteren Planeten. Im Vergleich zu ihnen würde ich immer ein Südstaatler, ein Barbar bleiben. Sie waren auf eine Art und Weise in der Stadt zu Hause, wie es mir nicht möglich war. Ihr schneller Verstand war Teil des brodelnden Stadtlebens.

So etwas kann man heute nicht sagen, ohne als Antisemit bezeichnet zu werden – dennoch glaube ich, daß ich trotz all meiner katholischen Mythologien kein Antisemit war. In den zwanziger Jahren gehörte jeder in New York City zu einer ethnischen Gruppe – das war das erste, was uns auffiel. Es war für uns so selbstverständlich wie unsere Namen. Wir akzeptierten unsere Zugehörigkeit zu einer ethnischen Gruppe als Rolle, die wir sogar parodierten. Für uns war das ganze Jahr Halloween. Die meisten unserer Witze waren ethnische Witze – wir kannten kaum andere. Wir fanden die Unterschiede zwischen uns brüllend komisch. Ein Teil des Abenteuers auf den Straßen und auf dem Schulhof bestand darin, daß alle anderen unter geheimnisvollen Umständen aufgewachsen waren. Weil wir uns gegenseitig immer wieder als Überraschung wahrnahmen, hatten unsere Freundschaften ein förmliches Element.

Wenn ich mit Saul zusammen war, empfand ich noch

etwas von dieser Überraschung, dieser Förmlichkeit, von diesem Geheimnis. Auch er hatte ein Gesicht, das einem Ausruf glich, und eine gebogene Nase, die der Schnurrbart abzuschwächen versuchte. Er war klein und schmächtig und bekam schon eine Glatze, als hätte ihn das Reden die Haare gekostet, als hätte er seine Augenbrauen so oft in die Höhe gezogen, daß seine Haare dadurch ein für allemal zurückgeschoben worden wären.

Saul war einer der letzten Vertreter einer langen Linie romantischer Intellektueller. Nicht damit zufrieden, das Denken der Leute zu beeinflussen, wollte er ihre Art, zu empfinden, ihr Dasein, ihre Sehnsüchte verändern. Er war ein Reformer durch und durch, aber es war nicht die politische Einstellung der Menschen, die er beeinflussen wollte, sondern ihre Sensibilität. Er dachte, man könnte diese Veränderungen herbeiführen, indem man Unterscheidungen machte, differenzierte. Für ihn war alles eine Frage von Differenzierungen. Er häufte sie an, wie andere Leute Geld oder Besitztümer anhäuften. Er jagte ihnen nach, wie manche Männer Frauen nachjagen. Eines Tages, wenn alle Unterscheidungen getroffen wären, würden wir wissen, was Schönheit war und Gerechtigkeit.

Obwohl wir enge Freunde waren, gab es viele Dinge, die ich von Saul nicht wußte. Der Krieg hing noch über uns; er war unser gemeinsamer Ausgangspunkt. Und doch hatte ich keine Vorstellung davon, was Saul im Krieg gemacht hatte, ob er gedient hatte oder aus irgendeinem Grund freigestellt worden war. Obwohl es mir gleichgültig war, schien es mir doch seltsam, daß ich nichts über diese drei oder vier Jahre seines Lebens wußte. Er hatte nach dem Krieg einen Job angenommen, aber ich hätte nicht sagen können, was genau er machte. Ich begleitete ihn immer nach Hause, war aber noch nie in seiner Wohnung gewesen. Wenn ich ihn abholte, wartete er immer unten auf mich.

Gelegentlich bezog sich Saul auf eine umständliche, an Henry James erinnernde Art auf eine weibliche Gefährtin, aber ich lernte sie nie kennen, und manchmal dachte ich, sie wäre nichts weiter als eine Theorie der Weiblichkeit, eine Charakterskizze. Man konnte sich Saul mit einer Frau schwer vorstellen. Er sprach nie über Sex, und manchmal fragte ich mich, ob er mit dieser schattenhaften Kreatur schlief oder mit ihr differenzierte.

Als er krank wurde, arbeitete Saul an einer Rezension für *The New Leader.* Der Herausgeber, Isaac Rosenfeld, vergab manchmal Kritiken an Freunde oder an Freunde von Freunden, auch wenn sie bis dahin noch nichts veröffentlicht hatten. Das war weniger unseriös, als es klingt, denn das Village war voller junger Männer wie Saul, denen man die Lieferung eines anständigen Artikels zutrauen konnte. So wie Neger etwas von Jazz verstehen, erwartete man von Juden, daß sie wußten, wie man eine Rezension schrieb.

Isaac hatte Saul das Buch *Paradoxie im Gedicht* von Cleanth Brooks gegeben, eine Sammlung von Essays über eine weitgefächerte Reihe von Themen wie den Romantizismus, die Ironie und große, verkannte Dichter. Saul las sämtliche Originaltexte neu, um sein Gedächtnis aufzufrischen. Bei seinem Arbeitstempo hätte es ihn ein Jahr gekostet, diese Rezension zu schreiben, eine Rezension von eintausend Wörtern.

Als er krank wurde, dachte Saul anfangs, er hätte eine

Grippe, die gerade grassierte. Als die Symptome anhielten, vermutete er Drüsenfieber. Er war immer müde, und wir mußten unsere späten Nachmittagsspaziergänge aufgeben, auf denen wir wie zwei Peripatetiker durch das Village wanderten.

Er verschwand für eine Weile. Niemand nahm ab, wenn ich bei ihm zu Hause anrief – die Nummer seiner Arbeitsstelle hatte ich nicht –, und ich konnte mir nicht vorstellen, wo er war. Ich dachte an seine unsichtbare Gefährtin und fragte mich, ob er am Ende nun doch seine Abende mit ihr verbrachte.

Dann rief er mich von der Wohnung seiner Mutter in Brooklyn aus an. Er fühle sich erschöpft, sagte er, und brauche jemanden, der sich um ihn kümmere. Ich bot ihm an, ihn besuchen zu kommen, aber er winkte ab. Später fand ich heraus, daß er sich im Krankenhaus untersuchen ließ.

Ein paar Tage später rief er mich wieder an und bat mich, nach Brooklyn zu kommen. Seine Krankheit, sagte er, sei ernst.

Ernst?, sagte ich. Was meinst du mit ernst?

Er lachte. Dann sagte er: *Hoher Ernst*.

Sauls Mutter war Witwe, eine kleine, zierliche Frau mit einem knochigen Gesicht wie er und ängstlichen Augen. Sie lächelte schmerzlich, als hätte sie über die Tatsache nachgedacht, daß sie zu der ersten Generation jüdischer Mütter gehörte, die von ihren Söhnen kategorisch diskreditiert werden sollte. In der neuesten Ausgabe der *Partisan Review* stand die Geschichte einer jüdischen Mutter, auch sie Witwe, die sich auf die Türschwelle ihrer Wohnung geworfen und ihrem Sohn verboten hatte, ohne das von ihr vorbereitete Eßpaket in sein Apartment in Manhattan zurückzukehren. Von Liebe und Wut zur Raserei getrieben, hatte der Sohn ihr in seiner Verzweiflung eine zusammengerollte *New York Times* über Kopf und Schultern geschlagen. Jeder im Village sprach über diese Geschichte, die von einem uns völlig unbekannten Autor stammte. Das ist das Letzte, hieß es – seine Mutter mit der *Times* zu schlagen.

Natürlich war Sauls Krankheit, deren genaue Natur mir noch unbekannt war, eine schwere Belastung für seine Mutter. Sie hatte in dieser Sache Position bezogen und eine defensive Strategie entwickelt. Saul wäre völlig in Ordnung, sagte sie, wenn er sich nur entspannen würde. Sie glaubte, Saul sei krank geworden, weil er angespannt war, vielleicht sogar, weil er immer angestrengt auf alles achtete, denn wie die jüdischen Jungen in der 44. Grundschule paßte Saul immer höllisch auf. Nie schaltet er ab, sagte sie zu mir. Er denkt zuviel nach; er fühlt sich für alles verantwortlich. Sie behielt ihn dauernd im Auge, um zu sehen, ob er nachdachte. Sie hatte den Plan, ihn vom Denken abzuhalten, und es war klar, daß sie mich als eine Gefahr für diesen Plan betrachtete.

Ich war unversehens in eine alte Diskussion hineingeraten und war erleichtert, als Saul mir einen Spaziergang vorschlug. Wir waren für unsere Verhältnisse schon lange nicht mehr zusammen spazierengegangen. Seine Mutter war sofort dagegen, es würde ihn ermüden – sah aber dann an seinem Gesicht, daß sie ihn mehr ermüdete. Während wir die Mäntel anzogen, stand in ihren Augen ein stummes Flehen. Darin lag die Bitte, ihn keiner intellektuellen Anstrengungsrunde zu unterziehen, ihn nicht zum Denken zu verleiten. Ihr könnt in den Prospect Park gehen, sagte sie und klammerte sich an den Gedanken, ein Park würde weniger Anreize zum Denken bieten, wie an einen rettenden Strohhalm.

Der Tag war sonnig und kalt, als hätte man Brooklyn für uns im Kühlschrank aufbewahrt. Saul schwieg die ersten paar Minuten und war damit beschäftigt, die Abwesenheit seiner Mutter zu verdauen und seine Atemzüge auf das Gehen einzustellen. Er trug eine dunkelblaue Strickmütze, auf der seine Mutter bestanden hatte, und einen schweren, dunklen, zeitlos wirkenden Wollmantel mit Samtkragen, ähnlich einem Chesterfield. Ich hatte den Mantel noch nie gesehen – er mußte seinem Vater gehört haben. Er war ihm zu groß und dämpfte seine Gesten.

In Gedanken immer noch bei seiner Mutter, sagte er: Armes Ding, für sie ist es hart. Sie ist ein intelligenter Mensch, und doch sind alle ihre Impulse mütterlich und stereotyp. Sie spürt das Falsche an ihrer Position, kann aber nichts daran ändern. Sie arbeitet sich am Stereotyp ab wie eine Frau, die in den Wehen liegt, aber es kommt nichts dabei heraus.

Am Eingang zum Park verkaufte ein Mann koschere Frankfurter und Knisches. Die Knisches rochen gut, aber unter diesen Umständen – unter welchen Umständen? – fand ich es unpassend, ein Knisch zu essen. Umschmeichelt von der Sonne, war der Park wärmer als die Straße. Obwohl die meisten Bäume entblättert waren, gab es hie und da genug verstreutes Immergrün, so daß die Landschaft nicht kahl oder nackt wirkte. Kinder huschten auf Rollschuhen und Fahrrädern wie wehendes Laub an uns vorbei. Leute führten Hunde aus, und am Weg gab es Tauben und Eichhörnchen.

Dauernd läßt sie mir Bäder ein, sagte Saul. Sie versucht, meine Gedanken wie junge Katzen zu ersäufen.

Ich musterte ihn aus den Augenwinkeln und versuchte herauszufinden, wie krank er war. Ich hatte nicht den Eindruck, als könnte ich ihn danach fragen, seine Krankheit war Teil seiner geheimen Welt, seiner Geheimnistuerei, seines Judentums geworden, das jetzt, wo er wieder in Brooklyn im Haus seiner Mutter lebte, noch deutlicher hervortrat. Er sah nicht krank aus, jedoch lag etwas in seiner Stimme – ein Anflug von forcierter Heiterkeit –, was vorher nicht da gewesen war. Außerdem – und das war ein Detail, das mir in jedem Fall aufgefallen wäre – hatten sich seine Satzrhythmen verändert.

Obwohl ich seit über zehn Jahren nicht mehr im Prospect Park gewesen war, kannte ich ihn genau. Mit acht oder neun Jahren war ich ein begeisterter Leser von Tarzanbüchern, und später sollte der Prospect Park mein Dschungel, mein Afrika werden. Mit der seltsamen Genauigkeit, mit der kleine Jungs alles wörtlich nehmen, verstand ich das Wort *prospect*, Aussicht, anders und bezog es auf meine persönlichen Aussichten, die damals noch völlig unbegrenzt waren.

Ich pflegte von meiner Seite von Brooklyn aus zum Park zu radeln. Es waren zwar mehrere Meilen, aber auf meinem Fahrrad war es ein Katzensprung. Ich jagte Schmetterlinge mit dem Netz und spießte sie auf viereckige Papptäfelchen. Manchmal mietete ich mir von dem Geld, das ich beim Zeitungsaustragen verdiente, ein Boot und ruderte bis ans Ende des Sees. Was mir am Prospect Park besonders gefiel, war die Tatsache, daß man, wenn man einmal richtig drin war, keine Gebäude mehr sehen konnte – anders als im Central Park.

Weißt du, ich habe hier immer gespielt, sagte ich zu Saul.

Ich auch, sagte er. Wahrscheinlich habe ich dich dabei gesehen.

Und was hast du von mir gedacht? Was war dein Eindruck?

Schau den dummen Goi an, sagte er. Typisch Goi, dieses Fahrrad.

Ich habe immer Schmetterlinge gefangen, bin mit dem Boot rumgerudert.

Er lächelte. Ja, das kann ich mir vorstellen. Wenn ich dich dabei gesehen hätte, hätte ich dich bemitleidet und beneidet.

Er blickte sich im Park um, als machte er sich Notizen, als versuchte er, Bilanz zu ziehen und dabei zu einer Definition des idealen Parks zu gelangen. Er verglich diesen mit anderen Parks, die er nur aus Büchern kannte: Mit dem Bois de Boulogne, dem Englischen Garten in München, dem Boboli in Florenz. Seine Absonderlichkeiten machten ihn so wirklich, daß ich ihn hätte umarmen können.

Der Pfad führte einen kleinen Hügel hoch, und ich bemerkte, daß Saul schwer atmete. Sein Blick war starr auf das Pflaster geheftet, als müßte er sich auf das Gehen konzentrieren. Das war der erste konkrete Hinweis auf seine Krankheit, und es schien verrückt, sie weiterhin mit Stillschweigen zu übergehen. Saul, sagte ich, was ist eigentlich mit dir los? Wie lange dauert es noch, bis du ins Village zurückziehen kannst?

Er faßte mich am Arm, als wäre ich der Kranke, und zog mich vom Pfad zu einer Bank, von der aus man den See überblickte. Die Bank war mit einem untrüglichen Sinn für den richtigen Ort aufgestellt worden. Ganz für sich stand sie in einer kleinen Biegung des Ufers, überschattet von einem Baum, der sie zu umarmen schien.

Stell dir vor, sagte Saul, als wir uns gesetzt hatten, du bist eine Figur in einem gut geschriebenen und originellen Roman, eine Figur, die sich durch Haltung, Scharfsinn und Geistesgegenwart auszeichnet.

Gerne, sagte ich. Mir fallen einige solcher Romane ein, Dutzende sogar. Aber auf was soll ich meinen Scharfsinn und meine Geistesgegenwart richten?

Darauf, kein Theater zu machen. Ich möchte mich mit dir verschwören, ich möchte, daß wir uns beide einer Bewegung anschließen, daß wir ein Manifest unterzeichnen, kein Theater zu machen.

Das war alarmierend, aber ich behielt den heiteren Ton bei. Warum sollte ich Theater machen?

Er zog die Strickmütze vom Kopf. Es war nicht kalt in der Sonne. Sein Haar stand seltsam zu Berge. Er sagte: Ich komme nicht zurück.

Seine Worte drangen mir in den Kopf wie ein stechender Schmerz, und ich blickte weg, über den See. Am anderen Ufer schlenderten Leute einen Pfad entlang. Der See war hier nicht sehr breit, und ich konnte den ruhigen, zum Park passenden Ausdruck auf ihren Gesichtern sehen. Ein kleiner Junge tauchte hinter uns auf und warf einen Stein ins

Wasser. Eine Taube pickte an einem Bonbonpapier herum, und der Wind ließ eine zerpflückte Zeitung in einem Abfallkorb aus Draht rascheln. Die Schlichtheit des Parks, seine Süße, war so durchdringend, daß mich das Gefühl überkam, mein Leben vergeudet zu haben.

Als Saul sagte, daß er nicht zurückkommen würde, war ich sicher, daß er Tuberkulose hatte. Es waren dünne, angespannte Leute wie er, die sie bekamen. Er würde einen Ort mit trockenem Klima aufsuchen müssen, Arizona oder New Mexiko. Ich sagte: Es ist Tb, was du hast, oder nicht?

Er knetete die Strickmütze in seinen Händen. Er zupfte ein weißes Katzenhaar von der Wolle und ließ es von seinen Fingern fallen. Nein, sagte er, ich habe keine Tb. Wenn es nur das wäre. Seine Lippen bewegten sich lautlos weiter unter seinem Schnurrbart, und als ich die Haare zittern sah, fragte ich mich, ob er ihn nun abrasieren würde, da er krank war. Ein Satz kam mir in den Sinn: *Die Art der Gnade weiß von keinem Zwang.*

Saul schaute sich um, als hätte er Angst, belauscht zu werden. Er hob die Hand und befühlte seine Haare. Ich habe Leukämie, sagte er.

Leukämie?, sagte ich. Das Wort war so unerwartet. Es kam mir rauh vor, als hätte ein Vogel, ein tropischer Vogel, ein Sittich oder ein Tukan, es aus einem der kahlen Bäume geschrien.

Ich weiß, sagte er, ich weiß. Warum sollte ich Leukämie haben? Woher ist sie gekommen? Wie hat sie mich gefunden? Er machte mit der linken Hand eine Faust und klatschte mit der rechten Hand darauf, als korke er eine Flasche zu.

Ganz langsam, sagte ich, du bist zu schnell. Was bringt

dich auf den Gedanken, daß du Leukämie hast? Wie kannst du so sicher sein? Leukämie bekommt man nicht, nur weil man sagt, daß man sie hat.

Ich redete Unsinn, aber ich wollte daran glauben. Laß uns noch einmal ganz von vorn anfangen, sagte ich. Du hast dich krank gefühlt, und bist zum Arzt gegangen. Er hat dich untersucht, hat eine Blut- und eine Urinprobe genommen und so weiter und ins Labor geschickt. Dann bist du wieder hin, und er hat dir gesagt, daß du Leukämie hast? Ist es wirklich so gewesen?

Durch eine Rekonstruktion der Umstände würden zwei Kritiker, zwei werkimmanente Leser wie wir, vielleicht herausfinden, daß der Arzt und die Laborangestellten einen unzulässigen Schluß gezogen hatten. Saul liebte es, unzulässige Schlüsse aufzuspüren. Manchmal las er Bücher nur, weil es ihm Spaß machte, über ihre Logik zu lachen.

Ich weiß, was du denkst, sagte er. Ich habe dieselbe Überlegung angestellt. Du willst darauf hinaus, daß sie irgend etwas falsch gelesen haben – als ginge es um ein Gedicht. Gleich erinnerst du mich an das Buch *Seven Types of Ambiguity.* Aber hier liegt keine Zweideutigkeit vor. Ich habe Leukämie. Glaub mir, ich hab sie.

Ich weiß nicht, ob ich ihm glaubte oder nicht. Solche Dinge glaubt man nie, bevor sie vorbei sind. Man braucht Muße, um über Tragödien nachzudenken. Vielleicht kann man ihnen erst dann ins Auge sehen, wenn die Person, um die es geht, nicht mehr da, wenn es vorbei ist. Oder wenn man selbst verzweifelt.

Weißt du, wie das ist?, sagte Saul, wenn eine Sache so aus heiterem Himmel kommt? Es ist, als bekäme man einen

Drohbrief von jemandem, den man nicht einmal kennt. Als der Arzt das Wort Leukämie aussprach, schlug ich ihm fast ins Gesicht. Ich schrie: Verfluchte Scheiße! Aber was nützt das auf Dauer? Ich sehe nicht ein, warum ich mir meine Sprache versauen lassen soll.

Mir ist klar, fuhr er fort – er sprach schnell und ohne Pause –, mir ist klar, daß es eine normale Reaktion ist, Theater zu machen, aber warum wir? Wir sind keine gewöhnlichen Leute, du und ich, ich sehe nicht ein, warum wir uns jetzt verpflichtet fühlen sollten, gewöhnlich zu werden.

Er hatte sich alles zurechtgelegt. Wie seine Mutter hatte er eine Position bezogen, eine Strategie entwickelt. Er zog ein Taschentuch aus der Manteltasche und schneuzte sich. Es glich einer rhetorischen Geste. Meine Bitte an dich, sagte er, ist, daß du du selbst bleibst. Ich brauche dich so wie du bist – komm mir bitte nicht fromm. Unseren Diskussionen von früher zuliebe, unserer Freundschaft zuliebe, der Literatur zuliebe, wenn du so willst – versuch jetzt bitte nicht, mich zu beschwichtigen. Spiel nicht den Übervater, bitte.

Saul, begann ich, und er sagte, Schsch. Er stieß meine Stimme zurück in meinen Leib wie jemand, der ein Kissen in einen Bezug stopft. Ich warf den Kopf hoch wie jene Jungen in der 44. Grundschule und versuchte eine Antwort herauszustottern – aber er ließ es nicht zu. Er hob die Hand, und es lag in dieser Geste eine ungeheure Autorität – er hatte so viel Autorität gewonnen.

Wir starrten oder stierten uns an. Moment mal, sagte ich. Warte. Darf ich jetzt nicht einen kleinen Ausbruch haben?

Er ließ die Hand fallen. Er steckte sie in die Manteltasche, um sie festzuhalten. Nein, sagte er. Nein, das kannst du nicht.

Wir verfielen in eine sanfte Stille, in der ich stumm mit ihm weiterstritt. Er hatte sich eingeredet, daß er Leukämie hätte. Er hatte sich zu tief in das Thema versenkt, so wie in seine Rezension. Natürlich war es eine Auseinandersetzung nicht nur mit ihm, sondern auch mit mir.

O. k., Saul, sagte ich. Ich will nicht mit dir streiten, schließlich hat keiner von uns eine Ahnung von der Sache. Aber vergiß eins nicht – keine Diagnose ist endgültig oder umfassend. Was auch immer du hast, es gibt dafür eine Behandlung. Wir leben nicht im Mittelalter. Ein tragisches Lebensgefühl, schön und gut, aber deine Mutter hat recht – du denkst zuviel. Denken ist eine Form von Hypochondrie.

Er lachte. Ja, sagte er, du und meine Mutter. Er schaute auf den See hinaus, als erwartete er, daß sie dort ruderte. Meine Mutter denkt, die Literatur bringt mich um, daß Kafka, Lawrence und Céline meine Abwehrkräfte geschwächt haben. Sie denkt, ich habe Hirnfieber wie Kirilow oder Raskolnikow. Was ist eigentlich aus dem Hirnfieber geworden?

Es ist wirklich absurd, sagte er – diese alte Kamelle, das Absurde. Schau mich an – er schlug auf seine Arme und Schenkel –, Mann, ich habe diesen Körper doch noch gar nicht richtig benutzt. Die zusammengeschusterte Fabrikware, die sie heutzutage machen, das ist es – ich bin praktisch neu und schon überflüssig. Meine Mutter läßt mich nicht in Ruhe, sie wartet darauf, daß ich ihr diese Absurdität wegerkläre. Ich kann alles so gut erklären. Er runzelte die

Stirn; er schüttelte den Kopf über seine Mutter. Ihr Wille, sagte er, hat eine ungeheure Kraft.

Ich öffnete den Mund, ohne zu wissen, was ich sagen wollte, und er legte die Finger auf meine Lippen. Es war eine erstaunlich intime Sache für ihn, so etwas wie ein Kuß. Weißt du, sagte er, ich fühle mich so gescheit. Auf einmal verstehe ich alles. Zum Beispiel sehe ich jetzt, daß die Welt ein schönerer Ort ist, als ich dachte. Schau dir diesen Park an – ich habe ihn nie wahrgenommen. Wenn ich mein Leben noch einmal leben müßte, würde ich mehr Wordsworth lesen.

Er hakte die Arme über die Banklehne und schlug die Beine übereinander. Er kam zur Ruhe. Es war klar, daß er das Gespräch bestreiten wollte, also lehnte ich mich zurück und hörte zu. Die Tatsachen konnten warten; ich konnte später mit ihm streiten. Er schien jetzt wohlauf zu sein, voller Kraft, ganz der Alte. Ich begann bereits, ihn so zu sehen wie vorher.

Etwas anderes, was mir klar geworden ist, sagte er, ist, daß es für einen Juden schwerer ist, zu sterben. Verzeih mir, wenn ich auf die Geschichte vom auserwählten Volk zurückkomme, aber in diesem alten Stolz steckt ein Körnchen Wahrheit. Es ist für uns schwerer, weil wir mehr erwarten; weil es uns nach mehr verlangt. Es ist so verantwortungslos, so rücksichtslos, früh zu sterben. Es ist so unintelligent. Wir werden Ärzte, um den Tod zu verhindern, Rechtsanwälte, um ihn zu ächten, Schriftsteller, um gegen ihn zu wüten. Aber wenn du nicht jüdisch bist, ist es anders. Vielleicht ist es nicht ganz so schlimm, vielleicht kostet es einen nicht ganz soviel. Du kannst anmutig, sportlich, mit einem dünnlippigen Lächeln und einer geraden Nase sterben. Einen blonden Tod, ein Schwanenlied, ein kühles Eintauchen. Du kannst ohne Akzent sterben, ohne mit der Zunge anzustoßen.

Er machte eine Pause und lauschte dem Echo dieser kleinen Rede nach. Er schien mit sich zufrieden. Worte, Worte, Worte, sagte er, das ist die einzige Medizin. Mit einer abrupten Geste stülpte er sich die Strickmütze über. Meine Denkerkappe, sagte er. Ich muß wieder heim und an der Rezension arbeiten. Termine!

Wir standen auf und verließen den Park. Wir waren noch nicht sehr weit gegangen. Er schlug mir auf den Rücken. Du bist ein harter Junge, sagte er, dünn, aber kräftig. Du kannst es, du schlägst sie in die Flucht, diese Kafkas. Hau sie in die Kischkas. Und denk dran, lies die Naturdichter. Täglich eine Idylle ersetzt den Arzt. Und sei nicht so stolz auf deine Ängste.

Ich wollte ihn nach Hause begleiten, aber er bestand darauf, mich zur U-Bahn zu bringen. Wir standen vor der Treppe, und unsere Augen begegneten sich zum letzten Mal. Die seinen waren voll unermeßlicher Güte. Tut mir leid, sagte er, wenn ich dich herumkommandiert habe. Du siehst ja. *Diese* Geschichte kann ich nicht erzählen – die kann ich nur edieren.

Saul, sagte ich, ich bin durcheinander. Ich kann nicht mehr denken.

Ich auch nicht, sagte er. Wie Tolstoi auf dem Totenbett sagte: Ich weiß nicht, was ich jetzt tun soll.

Hör zu, sagte ich, ich komme morgen wieder. Wir versuchen, die Sache zu klären.

Er antwortete nicht. Er sah die Treppe hinab, die er nie mehr hinuntergehen würde. Wir standen da, ohne uns zu bewegen, während das Leben um uns summte, während der Verkehr vorbeibrauste und die Sonne sich in den Schaufensterscheiben spiegelte.

Nein, sagte er zuletzt. Mir wäre es lieber, wenn du nicht wiederkommst. Du warst ganz toll in Form heute, und ich auch – morgen wären wir schrecklich.

Schrecklich?, sagte ich. Ich weiß nicht – vielleicht. Wäre es denn so schrecklich, wenn wir schrecklich wären?

Er dachte darüber nach. Er überlegte hin und her, ging die verschiedenen Ebenen des Schrecklichen durch. Du kannst dir nicht vorstellen, wieviel ich zu tun habe, sagte er. Man hat mir gesagt, daß ich nicht mehr viel Zeit habe, und ich möchte diese Rezension fertigschreiben. Ich möchte veröffentlicht werden.

Ich wußte, das war nicht der wirkliche Grund. Er wollte nicht, daß ich noch einmal kam, weil er die simple Tatsache, daß er krank war, das Gewöhnliche daran, nicht ertrug. Er wußte nicht, wie das ging, ein ganz gewöhnlicher Mensch zu sein; man hatte ihm beigebracht, daß er etwas Besonderes war. Als gewöhnlicher Mensch wurde man vielleicht sentimental, und davor hatte er mehr Angst als vor dem Alleinsein. *Sentimental* war das grausamste Wort in der Literaturkritik. Sentimental sein war typisch Goi, so typisch, wie sich zu betrinken. In diesem Augenblick erinnerte mich Saul an jemanden, der auf dem Totenbett gläubig werden soll und sich weigert. Er würde nicht nachgeben. Zum ersten Mal sah ich, mit einem gewissen Entsetzen, daß ihm Bücher alles bedeutet hatten.

Er hatte mir angeboten, mit ihm zusammen als Kritiker die Situation von außen zu betrachten – aber das konnte ich nicht. So intellektuell war ich nicht. Seine Lage brachte meine ganze Schlichtheit, das Schlampige in mir zum Vorschein. Meine Gefühle waren stillos. Auf Saul hätte mein Mitgefühl fast animalisch gewirkt, wie der ungezügelte Impuls einer primitiveren Zivilisation. Er war immer abgehoben und distanziert gewesen – warum sollte er das jetzt ändern? Es war typisch für ihn, daß er dem Ausdruck *kritischer Zustand* eine neue Bedeutung gab. Wenn ich überlegte, daß er sich in die Literatur flüchtete, kam ich nicht an der Tatsache vorbei, daß die Literatur die einzige Basis unserer Nähe gewesen war. Wir gaben uns die Hand. Wir taten es wie Europäer, die Hand erhoben, mit abgewinkeltem Handgelenk. Als ich die Treppe hinabging, vernebelte sich mein Blick, und ich mußte mich am Geländer festhalten.

Die U-Bahn-Station war verlassen und schien doch voller donnernder Züge zu sein. Ich schritt den Bahnsteig ab und fragte mich, ob ich alles getan hatte, was ich konnte. Er hatte mich gehetzt, ich hatte keine Zeit zum Fühlen, zum Denken gehabt. Ich wollte die Treppe wieder hochlaufen, ihm nachrennen, aber ich hatte Angst, sein Mißfallen zu erregen. Trotz meiner Jugend und meiner Egozentrik und obwohl ich dachte, ich würde niemals sterben, obwohl ich insgeheim das Gefühl hatte, es sei pervers von Saul, zu sterben, liebte und bewunderte ich ihn. Ob er sie hören wollte oder nicht, es gab Dinge, die ich ihm sagen wollte. Wie konnte ich weggehen, ohne sie auszusprechen?

Ich fühlte mich betrogen nicht nur von Saul, meinem Freund, meinem Gefährten, sondern von etwas anderem,

Umfassenderem. Ich glaube, es war die Wirklichkeit selbst, die gewöhnliche Wirklichkeit, von der ich mich betrogen fühlte. Es war, als hätte er mir ebensowenig vertraut wie ihr. Er verschwand in der Differenz zwischen uns beiden, in seiner Geschichte. Damit sagte er: Du verstehst nicht, wie ich fühle, was ich bin. Meine Tragödie ist älter und finsterer als die deine. Du darfst nicht in mein Ghetto kommen. Aber wenn es wirklich so gewesen wäre – und ich weiß nicht, ob es so war –, hätte es andere Möglichkeiten für uns gegeben. Er hatte sich immer so verhalten, als ob Verstehen alles wäre.

Auf dem Heimweg wiederholte ich mir diese Dinge immer wieder und fuchtelte dabei mit den Händen herum und redete laut vor mich hin, wie eine von diesen Gestalten, die in der U-Bahn Selbstgespräche führen. In der Canal Street stand ich auf und stellte mich an die Tür. Ich konnte mein Gesicht im Glas sehen. Aber wo bleibt die Katharsis?, sagte ich. Wo bleibt die Katharsis?

Er ging einige Tage später ins Krankenhaus. Wenn ich anrief, war seine Mutter ständig neben dem Bett. Dann nahm eines Tages jemand anderer ab und sagte, Saul sei nicht mehr da. Als ich seine Mutter anrief, sagte sie: Er ist tot. Das war das Wort, das sie benutzte. Sie betonte beide t's deutlich.

14

Delmore Schwartz bat mich eines Abends in der San Remo Bar an seinen Tisch. Er war mit Dwight Macdonald und Clem Greenberg da. Ich fühlte mich geschmeichelt. Ich kannte Delmore, weil er meinen Artikel »Portrait of the Hipster« für die *Partisan Review* angenommen hatte.

Sie sprachen gerade über das Primitive: Picasso, D. H. Lawrence und Hemingway; Stierkampf und Boxen. Mir war dabei etwas unwohl, weil mein Artikel von Jazz und den damit verknüpften Attitüden handelte und ich wollte nicht als *aficionado* des Primitiven abgestempelt werden. Ich wollte Literat sein wie sie. Ich hielt mich selbst für zu primitiv, um gemütlich über das Primitive zu plaudern.

Dennoch konnte ich es nicht lassen, ein bißchen anzugeben. Bei Spaziergängen mit Delmore hatte ich bemerkt, daß er von Einsichten, die ich für ganz gewöhnlich hielt, überrascht, ja sogar beeindruckt war. Er schien das amerikanische Leben als etwas Abstraktes, eine platonische Idee, zu sehen. Manchmal sah er darin ein Vaudeville, aber er betrachtete es immer *durch* etwas anderes. Er stülpte eine intellektuelle oder ästhetische Form darüber, als könnte er den direkten Anblick nicht ertragen.

Wie viele andere New Yorker Schriftsteller und Intellektuelle seiner Generation schien sich Delmore geradewegs aus der amerikanischen Kultur herausgeschrieben zu haben. Er war ausschließlich Bürger der Literatur. Sein Greenwich Village war ein Teil von Dostojewskis Sankt Petersburg wie auch von Kafkas Amerika.

Ich bewunderte sein hohes Abstraktionsniveau, seine Fähigkeit, zu generalisieren, ohne beliebig zu werden, aber gleichzeitig tat er mir ein bißchen leid. Ich dachte, er gehöre wie Hemingway und Fitzgerald einer verlorenen Generation an – sogar einer noch verloreneren. Während die Schriftsteller der zwanziger Jahre nur ihre Illusionen verloren hatten, schien Delmore als typischer New Yorker Intellektueller der vierziger Jahre die Welt selbst aus den Augen verloren zu haben. Es war, als wären diese Männer durch das Lesen blind geworden. Ihre Köpfe waren mit Büchern, Romanfiguren und Symbolen so vollgepfropft, daß darin für die einfachen Tatsachen der Gegenwart kein Platz mehr war. Sie hatten keinen Blick für das Kleine, nur für das Große. Für sie waren gewöhnliche Menschen immer noch das Proletariat, die Masse.

Intellektueller wollte auch ich sein, und das Leben von einer hohen Warte aus betrachten, dafür wollte ich aber das Gefühl, mit den Dingen verbunden und vertraut zu sein, nicht opfern. Wenn ich ein Buch las, blieb immer ein Auge auf die wirkliche Welt gerichtet, so wie man auf die Uhr schaut.

Jedenfalls nahm ich an diesem Abend den Mund ein bißchen voll. Ich tat es teils, weil es von mir erwartet wurde, teils, weil ich es wollte. Ich redete über Spanish Harlem. Vincent Livelli, ein alter Freund aus dem Brooklyn College, hatte mich einige Male dorthin mitgenommen. Er war Italiener, sprach aber auch Spanisch und unterrichtete manchmal lateinamerikanischen Tanz. Die Menschen waren damals verrückt nach *Latin Dancing*. Samstagnachmittag ging man in die Midtown Clubs zu den Rumba-Matinées, und Carmen Miranda tanzte sich im Sambaschritt mit Hollywood-Musicals durch New York City.

Ich erzählte Delmore, Dwight und Clem, daß ich zugesehen hätte, wie ein Mann in Spanish Harlem umgebracht wurde. Es passierte bei einer Tanzveranstaltung in einem Club für junge Männer namens *Los Happy Boys*. Das Opfer war ein Fremder, der versucht hatte, ohne Eintrittskarte in den Saal zu kommen. Als der Mann am Einlaß, ein Clubmitglied namens Pablito, ihn aufhalten wollte, zog der Fremde ein Springmesser.

Es kam Geschrei auf, er habe Pablito umgebracht, und der ganze Club stürzte sich auf den Fremden. Ich sah den ganzen Vorgang – ich sah ihn sogar von oben, als schaute ich aus einer Loge zu –, als ich gerade auf die Männertoilette wollte. Die Tanzhalle war im ersten Stock, und die Männertoilette lag darunter. Ich ging gerade die Treppe hinunter, wo Pablito die Karten abriß, als der Fremde hereinkam.

Ich sah von oben zu, wie sie ihn niederschlugen und anfingen, ihn zu treten und auf ihm herumzutrampeln. Es ging eine ganze Weile so, und ich hörte das feuchte Geräusch, wenn sie ihn traten. Als alles vorbei war, zogen sie Taschentücher heraus und wischten das Blut von ihren Hosen und Schuhen. Als schließlich die Polizei eintraf, war von dem Fremden bloß noch ein Kleiderbündel und eine formlose Masse übrig. Die Polizei verhielt sich philosophisch und nahm niemanden ins Verhör.

Dann tauchte Pablito wieder auf. Er trug ein Pflaster an der Stirn, am Haaransatz. *¡Cómo*, sagte er, *que le han matado!* Mensch, die haben ihn umgelegt! Als die Clubmitglieder, die Happy Boys, Pablito sahen, begannen sie zu lachen. Sie stürzten sich auf ihn, als wollten sie auch ihn noch umbringen, aber dann küßten sie ihn. Sie hoben ihn auf ihre Schultern. Alle wollten ihn unbedingt mit eigenen Augen sehen. Pablito selbst war überrascht und geschmeichelt und auch ein wenig erschrocken, daß seine Freunde den Mann umgebracht hatten. Nach einer Weile lachten alle. Sie konnten sich vor Lachen kaum halten und deuteten dabei mit dem Finger auf Pablito. Auch er lachte. Dann gingen sie nach oben und begannen wieder zu tanzen.

Das Entscheidende an der Szene, sagte ich zu der Runde am Tisch, war ihre Ökonomie. Ein Mann, der einem anderen wegen einer Fünfundsiebzig-Cent-Eintrittskarte einen Messerstich versetzt, verdient keinen Funken Mitgefühl, nicht einmal ein verächtliches Achselzucken. Ich bedauerte ihn nicht im geringsten. Er war überhaupt kein Mensch für mich. Natürlich waren es Zeiten, als Gewalt etwas ungewöhnlich war und man sie noch als etwas Dramatisches oder Moralisches betrachten konnte. Was ich gesehen hatte, war ein Akt der Stammessolidarität, und es war auf eine Weise befriedigend, zu sehen, wie sehr die Happy Boys sich umeinander kümmerten – wie sie lachten und Pablito abküßten, wie beeindruckt er von ihrer Wut und ihrem Schmerz war – und dann, mit welch peinlicher Sorgfalt sie ihre Hosen und Schuhe abwischten. Mich beeindruckte der Vorfall als ein Ausdruck von Leidenschaft, denn auch ich war ein Fremder, so wie der Mann, den sie umgebracht hatten.

Es hatte etwas von dem, worüber Hemingway oder Mailer schreiben würden, sagte ich – und dennoch traute ich ihnen solche Szenen nicht zu. Beide hätten sowohl mehr als auch weniger daraus gemacht. Hemingway hätte auf die Tränendrüsen gedrückt. Mailer hätte darüber philosophiert.

Ich erzählte ihnen eine weitere Geschichte – über die Nacht, in der die Luft voller fliegender Stühle war. Ein paar Männer waren miteinander in Streit geraten, und das ganze Lokal teilte sich in zwei Gruppen. Da alle miteinander befreundet waren und keine Schlägerei wollten, bezogen sie an den zwei entgegengesetzten Enden des Saales Stellung und schmissen mit Stühlen. Es waren leichte Rohrstühle mit geflochtenen Sitzflächen, auf denen die Zuhörerschaft sonst, wenn die Musik sie mitriß, wie ein Hintergrundchor zu trommeln pflegte.

Die Stühle flogen in hohem Bogen durch die Luft wie Vögel, wie gefangene Vögel in einem Raum. Sie flogen der Länge nach durch die Halle. Es müssen vierzig oder fünfzig gewesen sein, ein ganzer Schwarm von Stühlen. Manche stießen in der Luft zusammen, als würden sie sich im Flug paaren. Dann hörte das Ganze nach einer Weile einfach auf. Niemand schien verletzt zu sein.

Als ich diese Geschichten erzählte, merkte ich, daß ich damit Eindruck machte, daß die drei Literaten in den Happy Boys so etwas wie Pariser Apachen-Tänzer vor sich sahen, die die Frauen beim brutalen akrobatischen Tango umherwarfen. Trotz ihrer intellektuellen Weltläufigkeit waren diese Village-Schriftsteller ziemliche Trottel. Kampf und Leidenschaft flößten ihnen Ehrfurcht ein. Westernfilme lasen sie als Mythen. Wenn sie aus Loew's Sheridan kamen, konnte man sehen, wie ihre Augen glänzten.

Stimmt das denn, die Sache mit den Taschentüchern?, fragte Dwight. Die Geschichte gefiel ihnen. Ich hätte sie in der *Partisan Review* veröffentlichen können. Sie wollten Spanish Harlem sehen. Sie wollten dem Primitiven einen Besuch abstatten, es hautnah erleben.

Es war ein Freitagabend, und ich wußte, daß freitags immer ein *gran baile* stattfand, also sprangen wir in ein Taxi und fuhren die Fifth Avenue hoch, die damals noch in beide Richtungen befahrbar war.

Obwohl mein Vater auf unserem Stromberg-Carlson-Phonographen immer New-Orleans-Jazz aufgelegt hatte, mochte ich die lateinamerikanische Musik am liebsten. Ich weiß nicht, warum, denn viel davon war scheußlich. Die Arrangements strotzten vor schwulstigen Bläserpassagen und schwerfälligen Staccatos, und die meist männlichen Gesangsstimmen näselten in einem hohen, gequetschten Tenor.

Und doch liebte ich diese Musik. Solange ich denken konnte, hörte ich Xavier Cugat im Radio. Ich himmelte ihn so sehr an, daß ich das Radio ganz für mich haben durfte, wenn die wöchentliche Sendung kam. Wenn ich heute darüber nachdenke, vermute ich, daß es die rhythmischen Teile waren, das Schlagzeug, das mich ansprach. Ich hatte immer gespürt, daß auch das Leben seinen Rhythmus hat. Wenn ich glücklich war, stimmten meine Rhythmen, dann war ich in der richtigen Stimmung – dann tanzte alles –, und wenn ich unglücklich war, geriet ich völlig aus dem Rhythmus. Insgeheim war ich davon überzeugt, daß Delmore und die anderen Intellektuellen sehr wenig Gespür für Rhythmus hatten. Nicht nur, daß Delmore, zum Beispiel, linkisch war – es war mehr als das. Kenneth Burke hat einmal gesagt, der symbolische Akt bestehe im *Tanzen* einer Haltung – mir kam es vor, als stimmte etwas nicht an der Art, wie die New Yorker Intellektuellen ihre Haltungen tanzten. In ihren Texten gab es kaum Synkopen. Sie waren verknöchert und hatten sich selbst in Mauerblümchen verwandelt.

Mir war es lieber, wenn Schriftsteller tanzten. Selbst so ein schwerfälliger Typ wie Hemingway konnte tanzen, und ich kann mir sogar Gertrude Stein und Alice B. Toklas beim Tanzen vorstellen. Früher hatten die Schriftsteller einfach mehr vom Leben. Sogar Edmund Wilson ging ständig tanzen. Ich erinnere mich an eine Szene in einem seiner Tagebücher, in der er allein tanzen ging. Da er keinen seiner Freunde auftreiben konnte, ging er in einen Tanzpalast in der Fourteenth Street und tanzte mit einem Animiermädchen. Und obwohl das etwas seltsam war, schien mir diese Geschichte doch zu beweisen, daß er das brauchte, er wollte das Leben umarmen, mit ihm gehen.

Die Musik strömte aus dem Eingang der Park Plaza. Die Synkopen waren gewissermaßen verkrüppelt, wie ein Tänzer mit ungleich langen Beinen. Das war, bevor der Mambo aufkam. Man tanzte noch die afrokubanische Rumba, eine schmissige, schwungvolle Version der kubanischen Rumba; ich fand diesen Tanz, bei dem man dauernd auf die eigenen Füße schaute, umständlich, verkrampft und voyeuristisch.

Alle in der Park Plaza – und es müssen an die zweihundert Menschen dagewesen sein – konnten tanzen, und das alleine fand ich schon eine bemerkenswerte Leistung. Jedes gute populäre Tanzen ist ein Spielen mit dem Rhythmus, ein Versuch, auf ihn zu antworten, ihn zu transzendieren, ihn zu überhöhen, und das alles zur gleichen Zeit. Der schlechte Tänzer ist ein Opfer des Rhythmus. Seine einzige Antwort ist sklavischer Gehorsam, indem er den Rhythmus als Kommando, als Gottesurteil akzeptiert. Beim afrokubanischen Tanz wird der Takt verschleppt, ähnlich wie bei einem hinausgezögerten Orgasmus, in den man nur zurückhaltend einwilligt, dem man sich widersetzt, um Zeit zu gewinnen. Niemand hielt sich beim Tanzen an den Takt – das wäre viel zu einfach. Hier in der Park Plaza spielte jeder geschickt mit dem Rhythmus, und es war aufregend, zu sehen, wie so viele Menschen über die Zeit triumphierten, zumindest für einige Augenblicke. Sie alle schienen etwas von der Sache zu verstehen. Es war eine Gesellschaft ohne Versager.

Die Park Plaza war ein großer, viereckiger Saal mit hoher Decke und mit einem Balkon über einer Bar auf einer Seite und einem Podium für die Bands an der Stirnwand. Tische und Stühle standen aufgereiht an den Wänden. Wir fanden einen Sitzplatz in der Nähe des Podiums, und ich ging los, um mir ein Glas Bier zu holen.

Als ich meine Begleiter beobachtete, fiel mir am meisten Delmores Reaktion auf, weil sein Gesicht so groß war. Er betrachtete die Tänzer mit unglaublicher Intelligenz – aber seine Intelligenz prallte von ihnen ab wie jemand, der versucht, sich seinen Weg über die Tanzfläche zu bahnen. Es war deutlich, daß er sich auf die Park Plaza keinen Reim machen konnte. Das also ist die Wirklichkeit, schien er zu denken, das ist es, was Flaubert meinte, als er *Ils sont dans le vrai* schrieb. Er wirkte versonnen, als versuchte er, sich eine andere Art von Kultur vorzustellen, eine, in der das Tanzen den Platz der Bücher einnahm.

Die Band spielte gerade *Sopa de Pichon*, und ich erklärte, daß Taubensuppe ein Ausdruck für Hasch ist. Ich übersetzte die erste Strophe des Liedes: »Wenn dir an deinem Hochzeitstag / eines von deinen Eiern fehlt / dann befolge meinen Rat, nimm / etwas Taubensuppe.« In den meisten Liedern kamen Wortspiele und Doppeldeutigkeiten vor wie in den vulgären Shakespearepassagen.

Ein großes, wunderschönes Mädchen vor uns ließ eine Pobacke vibrieren, während es die andere völlig ruhig hielt. Der Partner des Mädchens machte einen komplizierten Kreuzschritt, glitt aus und fiel – aber er verwandelte den Sturz in eine Tanzfigur. Oder war er gar nicht ausgeglitten? Im Mittelteil der nächsten Nummer spielte das Piano einen langen Riff, einen *montuno*, und danach spielten eine Bongo und eine Conga ein langes Duett. Sie waren besonders gut, und als die Musik aufhörte, fielen einige der Tänzer zu Boden, schlossen ekstatisch ihre Augen und schrien *¡No! ¡No!* – was soviel bedeutete wie Nicht aufhören, oder *¡Fenómeno!*

Wollt ihr tanzen?, fragte ich meine Gäste. Ich kannte ein oder zwei Mädchen, die regelmäßig die Park Plaza besuchten, und ich machte das Angebot, für unsere Gruppe Tanzpartner zu finden. Delmore, der sonst bei jeder Gelegenheit den verrückten impulsiven Poeten spielte, hatte einen leeren Ausdruck im Gesicht. Clem ließ seine Augen über die Tänzer gleiten – nicht wie ein Kunstkritiker, sondern wie ein Tourist. Dwight, unser Dauerrevolutionär, war der einzige, der tanzen wollte und sich in der Park Plaza sichtlich zu Hause fühlte. Ich besorgte ein Mädchen namens Dinamita, was seinem politischen Geschmack entsprach, und er wirbelte mit ihr davon. Er wußte nicht, was er tat, aber das machte nichts, weil er Rhythmusgefühl besaß und sowieso überzeugt davon war, ihm sei nichts Menschliches fremd. Groß, dünn und schon damals weißhaarig, war er mit seiner Brille und seinem Ziegenbart Zoll für Zoll ein Intellektueller – und doch nicht nur das. Er stand nicht außerhalb der Kultur und betrachtete sie. Er war mittendrin. Er spürte ihren Rhythmus.

Nicht so Delmore und Clem. Jünger als Dwight, gehörten sie zur ersten Generation amerikanischer Schriftsteller, für die Bücher alles waren. Sie waren auf eine völlig andere Weise Intellektuelle und Schriftsteller als Faulkner, Hemingway und Fitzgerald und die Generation vor ihnen. Nicht einmal Joyce war so intellektuell gewesen, wie sie es waren.

Ihre Buchgelehrsamkeit beunruhigte mich. Ich fürchtete, ich würde da nie mithalten können. Ich hatte nicht die Geduld, ganze Tage mit Lesen zu verbringen. Ich war zu unruhig. Und ich war viel zu sehr von der Welt angezogen. Ich las nur das, was ich *brauchte* oder was mir Spaß machte; ich las nie aus purer Wißbegierde heraus. Außerdem war ich der Buchgelehrsamkeit gegenüber mißtrauisch.

Als Dwight zurückkam, verkündete er, Dinamita habe Trommeln im Bauch.

Doch auf die Dauer hat mich die Park Plaza enttäuscht – nicht in dieser Nacht, aber etwas später. Ich hatte dort oft eine Frau bewundert – ihr Name war natürlich Carmen. Sie war die beste Tänzerin im Lokal. Eine Kubanerin mit

Schlitzaugen und einem vorspringenden Arsch, der so hart wie Stein wirkte.

Sie hatte ein grausames, mürrisches Gesicht, dessen Ausdruck nie wechselte, während sie eine scheinbar endlose Serie improvisierter Tanzfiguren erfand. Wie jeder andere junge Amerikaner männlichen Geschlechts nahm ich an, sie wüßte mehr über Sex als ich oder sei näher an ihm dran als ich. Ich dachte, sie konnte so gut tanzen, weil sie ihre Sexualität richten konnte, wohin sie wollte.

Ich begehrte sie, so wie man sich nach einer Safari oder nach der Südsee sehnt. Ich begehrte sie, so wie es einen manchmal nach einem mexikanischen Essen verlangt, das einem den Mund verbrennt. Ich sah in ihr einen Test, den ich unbedingt bestehen wollte. Außerdem war sie viel authentischer in ihrem *Anderssein* als jede Frau, die ich bis dahin kennengelernt hatte.

Mit einer Ausnahme waren alle Frauen, mit denen ich geschlafen hatte, typische Amerikanerinnen gewesen. Die Ausnahme war eine japanische Frau in einem Geishahaus in Tokio. Aber obwohl sie mir sogar noch fremder als Carmen war, fand ich sie nicht aufregend. Ich verstand sie nicht. Ich wußte nicht, was sie bewegte. Es war, als versuchte ich, Japanisch zu sprechen, wie die Marineoffiziere, die mit einem Sprachführer in das Geishahaus kamen.

Aber ich dachte, ich wüßte etwas über Carmen. Ich dachte, auch sie hätte Trommeln im Bauch, daß ihr Leben ein fester Rhythmus sei. Ich glaubte, ich könnte etwas von ihr lernen, ich könnte meine Hände über ihren Flammen wärmen. Es war jedoch unwahrscheinlich, daß es jemals so weit kommen würde, weil ich ihr nichts bieten konnte.

Diese grausamen, schrägen Augen glitten über mich hinweg. Ich war für sie so blaß, als wäre ich unsichtbar.

Dann änderte sich eines Abends alles. Ich war mit einer Gruppe in die Park Plaza gekommen. Ich war der Führer, der *aficionado*. Ich war mit einer Frau namens Sandra, einem Modell, einem Covergirl, gekommen. Wir hatten an einen Tisch Platz genommen, und ich ging an die Bar, um Bier zu holen, als Carmen auf mich zutrat und sagte: Tanz mit mir.

Ich war so überrascht, daß ich ihr eine dumme Antwort gab. Ich tanze nicht wie du, sagte ich, ich kann nicht mit dir tanzen. Ich bezog mich auf die Tatsache, daß es in der Park Plaza eine strikte Hierarchie gab. Man forderte ein Mädchen nur auf, wenn man so gut war wie sie. Keine gute Tänzerin würde sich jemals von jemandem auffordern lassen, der nicht anerkannt war. Für Gefühle war da kein Platz.

Natürlich dachte ich, das gelte auch für Sex. Ich konnte mit Carmen ebensowenig schlafen, wie ich mit ihr tanzen konnte. Ich weiß nicht, was ich mir vorstellte, aber ich glaubte, daß sie dabei ernster, konzentrierter sei, als ich das je sein könnte. Ich befürchtete so etwas wie eine Bloßstellung als sexueller Hochstapler. Gleichzeitig wollte ich es auf einen Versuch ankommen lassen. Ich wollte sehen, ob ich ins Elementare vordringen konnte.

Also nahm ich sie in die Arme und begann zu tanzen. Ich hatte ungefähr drei Schritte gemacht, als sie sagte: Komm, wir verschwinden. Ohne einen Augenblick zu zögern, ließ ich Sandra und meine Freunde sitzen. Wir gingen hinaus und nahmen ein Taxi, ich gab dem Fahrer meine Adresse.

Ich hasse diese Musik, sagte Carmen, während sie sich

im Taxi zurücklehnte. Ihr Englisch war fast akzentfrei, abgesehen davon, daß sie etwas abgehackt sprach.

Du haßt sie?, sagte ich. Was für Musik gefällt dir denn?

Klassische Musik, sagte sie. André Kostelanetz, Morton Gould. Dann sang sie den gesamten Text von Nat King Cole's »Lush Life«.

Sie war nicht, was ich mir vorgestellt hatte, aber als ich hinter ihr die vier Treppen zu meiner Wohnung hinaufstieg, ihren Arsch vor Augen, sagte ich mir, daß zumindest das real war.

Es gab keine Präliminarien, kein verzweifeltes Gegrapsche. Sie begann sofort ihre Kleider auszuziehen, so wie eine Schauspielerin nach der Vorstellung ihr Kostüm auszieht. Es stellte sich heraus, daß sie einen Strumpfgürtel trug. Als sie ihn abnahm, füllte ihr Arsch mein kleines Schlafzimmer. Er glich den Schwimmwesten, die sich aufblasen, wenn man an der Leine zieht.

Als sie nackt war, sprach sie nur Spanisch. Sie hörte tatsächlich nicht auf zu reden, die ganze Zeit nicht. *¡Ay, que rico eres! ¡Que sabroso! ¡Que fuerte! Y su cuerpo tan blanco* und so weiter.

Dann begann sie mir Anweisungen zu geben. Nimm mich von hinten! Härter! Langsamer! Schneller! Wart auf mich! Komm nicht, bis ich es sage!

Es war wie eine Tanzstunde. Die Trommeln waren nicht in ihrem Bauch – sie begleiteten ihre Kommandos. Ich war mit ihren Anweisungen so beschäftigt, daß ich gar nicht richtig in Schwung kam. Ich blieb teilnahmslos, und so dauerte das Ganze ziemlich lange.

¡Hombre, sagte sie, *fenómeno!*

Danach wurde ich sie nicht mehr los. Sie rief mich dauernd an und bettelte am Telefon. Ich wasch dich; ich pudere dich. Ich werde dir deine Zigaretten anzünden und dir ein Glas Whiskey bringen. Sie hatte eine nicht enden wollende Liste von Dingen, die sie für mich tun wollte, und keines davon interessierte mich. Ich hatte in ihre Welt überwechseln wollen, und was sie wollte, war, in meine zu gelangen.

15

Ich sah Caitlin Thomas das erste Mal auf einer Party in Maya Derens Wohnung in der Morton Street im Greenwich Village. Ich sah nur die untere Hälfte von ihr, ihre Beine, Schenkel und Baumwollunterhosen, weil sie ihr Kleid über den Kopf gezogen hatte, als wollte sie es ausziehen oder sich dahinter verstecken wie ein Kind. Sie war am Tanzen, so etwas wie einen elementaren *hootchykootch*, der nicht besonders viel mit der schnellen haitianischen Trommelmusik zu tun hatte, die den Raum füllte.

Auch Maya tanzte, barfüßig, mit Glöckchen an ihren Knöcheln. Sie war gerade aus Haiti zurückgekommen, wo sie haitianischen Tanz und Mythologie studiert hatte. Maya war zudem eine avantgardistische Filmemacherin, sie war Avantgarde in jeder Hinsicht. Klein, stämmig, mit einem dunkelroten Afro, lange bevor er in Mode kam, sah sie aus wie Little Orphan Annie, die ein zweites Mal entführt worden war, diesmal von der Kunst.

Dylan Thomas war zwar als Ehrengast angekündigt, der eigentliche Ehrengast aber auf all ihren Partys war Maya selbst. Das hatte sie durch die Tonbänder mit haitianischer Trommelmusik sichergestellt – weder die Poeten noch das literarische Fußvolk, das sie eingeladen hatte, schien willens, mit ihr auf die Tanzfläche zu gehen.

Es blieb daher beim *mano a mano* zwischen Maya und Caitlin. Caitlins zorniges, intellektuelles Milchmädchengesicht hatte ich noch nicht gesehen. Mir war nicht klar, wer unter dem Kleid steckte, bis ich einen schlanken, eleganten jungen Mann neben mir fragte. Das, sagte er mit einer Ironie, die das Hauptmerkmal der neuen amerikanischen Poesie darstellte, ist Caitlin Thomas.

Auf der Tanzfläche tobte so etwas wie ein Krieg der Welten: Das kindergebärende, dorfkatenhütende, durch die Kneipen ziehende Weib des walisischen Barden gegen den aufsteigenden Star von Greenwich Village. Caitlin stützte sich auf das uralte Argument des Stampfens und Hüftwackelns, während Maya, die Hosen trug, sich beim Tanzen nicht so sehr an der Musik vom Band, sondern am Marschgetrommel des amerikanischen Kunstestablishments orientierte. Ich fragte mich, wer gewinnen würde und wo Dylan war. Verbarg auch er sein Gesicht?

Er befand sich in einer Ecke des Schlafzimmers, das an das Studio angrenzte, wo ihn schlanke junge Männer umringten. Es war, als hätten sie einen Zaun errichtet, um den Dichter nicht nur vor Caitlin, sondern überhaupt vor Amerika, vor der Kritik, vor allem Sterblichen zu schützen. Er war nicht mehr der hübsche, schmollende Cherubim aus einem Gemälde von Augustus John, sondern ein vom Trinken, vom Kummer, vielleicht auch von der Poesie aufgeschwemmter Mann. Er sah aus wie ein aufblasbares Spielzeug, in das zuviel Luft geraten war.

Man vergaß Dylans Fehler, wenn man seine Gedichte las oder ihn rezitieren hörte, aber auf Partys machte er nicht die beste Figur. Eine amerikanische Party war für ihn so etwas wie mit den falschen Leuten in einem schlechten Pub zu sein. Er hatte offensichtlich kein Talent zum Plaudern oder überhaupt zum Reden. Die schlanken jungen Männer prallten enttäuscht von ihm ab.

Die Party war an einem trommelnden Nullpunkt angelangt. Zwischen Maya und Caitlin war ein verbissenes Tauziehen im Gang. Jeder gelang es, die andere lächerlich zu machen. Die resolute Maya ging zu Caitlin hinüber und versuchte, sie von der Tanzfläche herunter zu komplimentieren. Caitlin wollte nicht, und einer der Gäste wollte Maya helfen, Caitlin wegzuschaffen, aber sie riß sich los und verpaßte dem eifrigen Gast eine Gerade, der sich Sugar Ray Robinson nicht geschämt hätte. Der Schlag traf den dienstfertigen Gast genau aufs Auge, so daß er mit der Hand vor dem Gesicht zurücktaumelte. Ein Veilchen würde ihn an das Ehepaar Thomas erinnern. Während ich Caitlin voller Bewunderung anblickte, erinnerte ich mich, gelesen oder gehört zu haben, daß sie und Dylan sich oft stritten und daß sie immer gewann.

Jetzt war sie aufgebracht. Selbst die Hölle kann nicht so wüten wie das Weib eines berühmten Dichters. Maya hatte eine Sammlung haitianischer Gottheiten mitgebracht, kleine Keramiken, die auf dem Kaminsims aufgestellt waren, und nun begann Caitlin, diese gegen die Wand zu schleudern. Maya hätte bis dahin genug Beistand mobilisieren können, um Caitlin zu stoppen, aber sie konnte dem Symbolismus der Szene nicht widerstehen. Sie vergrub die Finger in ihren Locken und schrie wie eine Ibsensche Heroine: Sie zertrümmert mein Universum!

Das weckte Dylan, der im Schlafraum stehend vor sich

hin gedöst hatte. Caitlin zerschmetterte wieder einmal das Universum. Er eilte, oder besser gesagt rollte, in das Studio und packte sie an einem Arm. Dann lehnte er sich zurück, verlagerte sein Gewicht und begann sie in einem weiten Kreis herumzuwirbeln – der Raum war groß genug –, wie bei dem Kinderspiel. Das war die einzig sichere Methode, mit ihr fertig zu werden. Er muß sie bei früheren Gelegenheiten entwickelt haben.

Zwischen dem Studio und dem Schlafraum war eine weite Öffnung, und Dylan schleuderte Caitlin mit überraschender Treffsicherheit durch diese hindurch aufs Bett, wo er sich sofort auf sie setzte. Es war eine bemerkenswerte Leistung, wie ein perfektes Enjambement in einem Gedicht. Er war jedoch durch seinen Kraftakt aus der Puste gekommen – so etwas war noch anstrengender, als Poesie zu schreiben oder vorzutragen –, und Maya gab mir den Auftrag, Caitlin auf dem Bett festzuhalten.

Das war nicht leicht – sie war sehr stark –, und ich mußte mich mehr oder weniger auf sie legen, so wie Dylan es getan hatte. Ich bog den Kopf zurück, weil ich dachte, sie würde mich beißen. Nach ein oder zwei Minuten hörte ihr Widerstand auf, und ihr Gesicht wurde nachdenklich. Sie wirkte wach, durchtrieben, sehr walisisch. Bist du schwul?, fragte sie.

Ich war noch naiv genug, mich über ihre Frage zu ärgern. Nein, sagte ich. Bin ich nicht.

Sie warf mir die Arme um den Hals. Dann liebe mich, um Himmels willen, Mann, sagte sie, liebe mich! Liebe mich!

Das ging zu schnell für mich. Ich wußte nicht einmal, ob

sie betrunken war oder nüchtern, und mir fiel keine gescheite Antwort ein. Ich sah mich um, und Dylan stand, mit dem Rücken zu uns, nur ein paar Schritte entfernt. Das wäre wohl kaum fair, sagte ich lahm, und verfiel dabei in meiner Verwirrung in ein antiquiertes englisches Idiom.

Ihr Gesicht wurde bestialisch vor Wut. Steck dir dein fair in den Arsch!, sagte sie.

Als derjenige, auf den man am ehesten verzichten konnte – oder als verläßlichste Person auf der Party –, wurde ich dazu verdonnert, Caitlin in das Chelsea Hotel zu bringen. Dylan war zu betrunken für eine so langwierige Anstrengung – er konnte sie ja nicht den ganzen Weg bis zur 23rd Street hinauf im Kreis herumwirbeln –, und außerdem war Maya um keinen Preis bereit, ihn aus den Fängen zu lassen. Er sollte für die haitianischen Gottheiten einstehen.

Irgend jemand hatte einen Wagen, und ich hielt Caitlin auf dem Rücksitz fest. Sie entspannte sich und machte es sich in meinen Armen bequem. Als wir das Hotel erreichten, fuhr der andere gleich weiter, und ich brachte Caitlin in ihr Zimmer.

Sie schloß auf und drehte sich zu mir um. Ich geb dir einen Drink, sagte sie. Wir sahen einander in die Augen. Obwohl ich ihre nicht lesen konnte, glaubte ich, daß sie sah, was in meinen stand. Sie war zuviel für mich, und ich wußte es. Ich hatte keine Ahnung, was sie mir anbieten wollte. Einen Drink? Erschlichenen Ruhm aus zweiter Hand? Vertrauliches über Dylan?

Ich machte eine linkische kleine Verbeugung. Vielen Dank, sagte ich. Ein andermal. Während ich sprach, duckte ich mich, und die rechte Gerade pfiff über meinen Kopf hinweg. Ich gab Caitlin einen sanften Schubs, so daß ich die Tür schließen konnte, und rannte die Treppen hinunter.

16

Ich möchte, daß du mir beim Kauf eines Anzugs hilfst, sagte Delmore. Er brauchte mich, wie er sagte, weil er es nicht fertigbrachte, sich im Spiegel zu betrachten. Du wirst der Natur den Spiegel an meiner Stelle vorhalten müssen, sagte er. Du mußt mir sagen – er strich mit beiden Händen über seine Brust –, ob mir der Anzug steht; spiel den Beau an meiner Seite. Wir können zu Brooks Brothers hochlaufen, sagte er. Ich brauche Bewegung. Also trafen wir uns auf dem Washington Square und marschierten von dort aus wie bei einer Parade die Fifth Avenue hoch.

Delmore hatte einen eigenartigen Gang, wie Dr. Caligari. Er machte kurze, schnelle Schritte, als hätte er die europäische Gangart seiner Lieblingsautoren angenommen, von Dostojewski etwa, im Gegensatz zum leichten Galopp des amerikanischen Stils.

Sein Gang war spritzig, beherrscht von kurzen, manischen Ausbrüchen, die seiner Redeweise glichen. Außerdem rempelte er mich ständig an, weil er beim Laufen wie bei allem, was er tat, plötzlich die Richtung änderte. Wenn er mich fast in den Rinnstein oder gegen die Häuserwand gedrängt hatte, fiel ich zurück und holte ihn von der anderen Seite her wieder ein.

Dabei erzählte er mir eine lange und verwickelte Geschichte über Milton Klonsky, der mit ihm und noch mehr mit mir befreundet war. Die Geschichte war von Anfang bis Ende erlogen, und doch – jeder, der Klonsky kannte, hätte sie wahrscheinlich geglaubt. Ich hätte sie beinahe selbst geglaubt. Sogar während ich über die Unverschämtheit von Delmores Phantasie lachte, merkte ich, wie ich mich auf sie einließ. Vor meinem inneren Auge sah ich Klonsky, wie Delmore ihn darstellte, wie er die Stirn runzelte und ihm in seiner angenehmen, blechernen Stimme Vorhaltungen machte. Klonsky genierte sich, auf die Toilette zu gehen, wenn jemand in seiner Wohnung war, so daß er und Margaret, die Frau, mit der er zusammenlebte, eine stillschweigende Übereinkunft getroffen hatten. Nach dem Frühstück, wenn Klonsky mehrere Tassen Kaffee getrunken hatte, verkündete Margaret immer, daß sie Besorgungen zu machen habe, und verließ für ungefähr fünfundvierzig Minuten das Haus.

Eine Zeitlang funktionierte dieses Schema, aber dann stellte Klonsky Margaret eines Tages zur Rede. Warum kannst du nicht ein bißchen phantasievoller sein?, fragte er. Es ist jedesmal dasselbe mit dir – eine Tüte Milch, ein Laib Brot, eine Flasche Shampoo, Briefmarken. Das Leben in einer so großen Stadt wie New York hat einer jungen Frau sicherlich mehr als das zu bieten. Du schreibst nicht einmal Briefe – wozu brauchst du Briefmarken?

In Delmores Version dauerte die Geschichte, die er immer wieder mit seinem Gekicher unterbrach, fünfzehn Minuten. Sein Verstand sprühte von Details, wie ein nasser Hund Wassertropfen von sich schüttelt. Die Toilette lag ungünstig; sie ragte wie ein Kamin in das Wohnzimmer hinein. Ihre Tür war durchbrochen, wie ein Rattan-Stuhl. Eine durchbrochene Tür!

Abgesehen von drei oder vier Kurzgeschichten und einer Handvoll Gedichte fand ich Delmores Werk nie so interessant wie das, was er sagte. Als ich ihn kennenlernte, hatte er seine besten Sachen schon geschrieben; den größten Teil seines Talents verwandte er auf das Reden. Seine Muse hatte eine Lästerzunge. Aber seine Lästereien waren so lyrisch wie seine besten Gedichte. Er liebte den Tratsch, so wie man die Gedichte und Geschichten liebt, die man nicht schreiben kann.

Klonskys Charakter gab an sich schon sehr viel her, aber Delmore schmückte ihn noch aus. Klonsky litt an allen Schrullen eines erstklassigen Autors, Delmore indessen bauschte sie so auf, daß Klonsky am Ende mit allen Verschrobenheiten eines schlechten Autors dastand. So wie Delmore ihn darstellte, ging Klonsky ständig zu weit; er schoß über die Wahrheit hinaus und wurde obsessiv. Klonsky glich einer Geschichte, deren Bilder zu schwerfällig, deren Metaphern zu selbstgefällig, deren Sprache bemüht und deren Technik altmodisch ist.

Wenn Delmore Menschen beschrieb, regredierten sie; sie verloren ihren rettenden Charme, ihre Skrupel und Bedenken. Er machte alle zu Dostojewski-Figuren, jedoch in der anachronistischen Szenerie des zwanzigsten Jahrhunderts. Sein großer Trick war es, den Menschen die Ironie zu nehmen und sie bloßzustellen. Er glich dem Klassenrüpel in der Grundschule, der einem den Hosenstall aufriß.

Ich hätte fast gewünscht, daß Klonsky all die Dinge tun würde, die Delmore beschrieb, um sie dadurch loszuwerden. Delmores Bosheit war so brillant, so unfehlbar, daß Klonsky durch sie zum höheren Wesen wurde; sie gab ihm die

Freiheit, schrecklich zu sein. Es war Delmore, der mir verstehen half, was ich später als die Bösartigkeit der modernen Kunst begriff.

Während wir weitergingen, glitt die Stadt unbemerkt an uns vorbei. Delmore, der Samuel Johnson in vielem glich, interessierte sich nicht für Panoramen, Ausblicke oder Landschaften. Er hatte sich die Stadt angesehen, als er jung war, und sah keine Notwendigkeit, es noch einmal zu tun. Er hatte sie ungefähr so angeschaut, wie er John Dos Passos oder James T. Farrell gelesen hatte.

Bei Brooks Brothers fuhren wir in den sechsten Stock hoch, zu den preiswerteren Anzügen. Als wir auf den Lift warteten, und Delmore neben mir nervös von einem Bein aufs andere trat, fühlte ich mich an Dostojewskis Helden in den »Aufzeichnungen aus einem Kellerloch« erinnert, der sich neue Handschuhe, einen neuen Hut und einen Pelzkragen für seinen Mantel kauft – alles nur, um einen Offizier auf dem Boulevard anzurempeln, wo er jeden Sonntag spazierengeht. Jedesmal ist er es gewesen, der auswich, wenn er dem Offizier auf der belebten Straße begegnete, und nun ist er entschlossen, sich dem hochmütigen Geschöpf entgegenzuwerfen. Aber zuerst braucht er eine dem Anlaß gemäße Kleidung.

Delmore wirkte nervös, und ich vermutete, er könnte seine Behauptung, er sei unfähig, sich im Spiegel zu betrachten, ernst gemeint haben. Er trug einen abgetragenen, grauen Flanellanzug und beabsichtigte, sich genau den gleichen wieder zu kaufen. Als der Verkäufer ihn nach seiner Kleidergröße fragte, sagte Delmore, er wisse sie nicht. Anders als die Juden aus der Generation seines Vaters, betrachtete er den Kauf eines Anzugs irgendwie als heidnische Angelegenheit.

Der Verkäufer hielt einen Anzug hoch, Delmore betrachtete ihn mit leerem Blick. Was meinst du, sagte er zu mir, und mir wurde klar, daß dieser weltfremde Mann mich für sehr weltlich hielt. Ich erinnerte mich an eine andere Gelegenheit, als er mich um meine Meinung gebeten hatte. Auch an dem Tag waren wir spazierengegangen, und er hatte mich gebeten, ihn nach Hause zu begleiten, weil er mir sein neues Buch *Vaudeville for a Princess* geben wollte. Auf meinen Einwand, daß er es sich nicht leisten könne, allen ein Exemplar seines Buches zu schenken, sagte er, nicht allen – dir möchte ich ein Exemplar schenken. Du hast weniger Talent, deine wahre Meinung zu verstecken, als die meisten meiner Freunde – aus dir kann ich die Wahrheit herauslocken.

In seiner Wohnung dachte er lange darüber nach, was er mir als Widmung in das Buch schreiben sollte. Einmal, als er Will Barrett eines seiner Bücher gab, hatte er als Widmung ein Baudelaire-Zitat, *hypocrite lecteur*, vorgeschlagen, aber Barrett hatte Widerspruch eingelegt. Als er mir schließlich das Buch gab, sah ich, daß er »Für Anatole, von Delmore« hineingeschrieben hatte, und zwar in mikroskopisch kleiner Schrift.

Ich nahm das Buch mit nach Hause, las es immer wieder durch und dachte darüber nach, was ich Gutes darüber sagen könnte – aber ich hätte mich nicht abzuquälen brauchen, da er mich nie danach fragte.

Delmore ging in die Umkleidekabine und zog den Anzug an. Als er herauskam, knöpfte der Verkäufer ihm das

Jackett zu und krempelte den Hosenaufschlag hoch. Er versuchte, Delmore vor den dreiteiligen Spiegel zu bitten, aber Delmore wandte ihm den Rücken zu und fragte mich wieder: Was meinst du?

Delmores Hohlkreuz ließ das Jackett am Kragen aufklaffen und über den Bauch hochrutschen, so daß die Aufschläge sich vorne zusammenzogen. Schlechter konnte man in einem Anzug gar nicht aussehen. Delmore brachte es sogar fertig, den Kauf eines Anzugs in eine Tragödie zu verwandeln.

Früher hatte er einmal ziemlich gut ausgesehen, wie die Inkarnation der Dichtkunst. Ich hatte frühe Aufnahmen von ihm gesehen, sorgfältig ausgeleuchtete Fotos auf einem schiefen Podest, als stiege er hinauf oder hinunter. Ich glaube, auf einer Aufnahme war eine Skulptur hinter ihm zu sehen. Aber jetzt war er beleibt, und man konnte sehen, was er mit dem Ausdruck »Mitsein des Körpers« oder mit dem »schwerfälligen Bär, der mit mir geht« meinte.

Ich betrachtete ihn in diesem Anzug. Wozu konnte er gut sein?, dachte ich. Kann ein Anzug das Verrückte an ihm zurechtrücken? Genau so sollte er ihn tragen, mit aufgekrempelten Hosenbeinen und dem Jackett, das vorne hochrutscht.

Er hob und senkte die Arme. Er zog die Schultern zusammen, damit der Anzug richtig saß, aber es wollte nicht klappen. Wie sehe ich aus?, fragte er.

Dreh dich um, sagte ich. Laß mich den Rücken sehen. Und hinter seinem Rücken wurde mir alles klar.

Hier im sechsten Stock von Brooks Brothers, dachte ich, war der Verkäufer das Publikum, ich der Kritiker und

Delmore der Dichter. Ich glaubte etwas angetrockneten Rasierschaum in einem von Delmores Ohren zu sehen. Ich dachte an eine Zeile von Tristan Tzara: »Der einsame Poet, großer Schubkarren der Sümpfe.«

17

Nach Sheri glaubte ich wieder einmal, jetzt würde ich endlich zu dem finden, was man ein normales Sexleben nennt. Ich fühlte mich wie ein Mann, der auf einem rostigen Kahn um die Welt schippert und dann wieder aufs College geht. Ich sah in mir jemanden, der um seine Jugend betrogen worden war – zuerst vom Krieg und dann von Sheri –, und ich wollte noch einmal jung sein. Ich wollte ein gewöhnlicher Mensch sein. Ich konnte mir kaum vorstellen, wie es wäre, mit einem gewöhnlichen Mädchen zu schlafen.

Jemandem die sexuelle Atmosphäre des Jahres 1947 zu beschreiben, der sie nicht selbst erlebt hat, ist fast unmöglich. Von heute aus zurückzuchauen, gleicht einem Besuch einer mittelalterlichen französischen oder italienischen Stadt, dem Versuch, sich das Leben ihrer Einwohner im dreizehnten Jahrhundert vorzustellen. Man kann sich die Häuser und die Kathedrale angucken, die krummen Gassen, man kann Bücher darüber lesen, welche Arbeiten die Einwohner verrichteten, welche Nahrung sie zu sich nahmen, oder wie ihre Religion beschaffen war, und doch bleiben ihre Empfindungen unvorstellbar; die Konturen ihres Bewußtseins bleiben verschwommen. Die Stimmung oder Atmosphäre, ihr Lebensgefühl entzieht sich unserer Kenntnis, da wir nicht denselben Bezugsrahmen haben. Es ist, als hätte man es mit dem menschlichen Hirn und den fünf Sinnen auf einer früheren Stufe der Entwicklung zu tun.

1947 zeigte das amerikanische Leben noch keine Risse. Es war noch aus einem Stück, es war noch intakt, in sich geschlossen, und vor allem reguliert. Handlungen, die wir heute für selbstverständlich halten, verstießen gegen Gesetz und Moral. Alles Mögliche wurde zensiert, wir hatten aber noch gar nicht gelernt, in Begriffen wie Zensur zu denken, weil wir an sie gewöhnt waren. Die Sozialgeschichte der Welt ist in mancher Hinsicht eine Geschichte der Zensur.

1947 war eine Zeit, in der im Film jede Andeutung von außerehelichem Sex wie ein Verbrechen bestraft wurde. Eine Abbildung mit Schamhaaren zu veröffentlichen, war ein Kriminaldelikt. *Lady Chatterley* und *Wendekreis des Steinbocks* waren verboten, und bis zu *Portnoys Beschwerden* waren es noch zweiundzwanzig Jahre. Es gab die Pille noch nicht und keine legale Abtreibung – aber all das sagt noch nichts darüber aus, wie der Sex damals war. Ich kann es nicht genauer beschreiben, als daß Sex Aberglaube oder Ketzerei und Genuß zugleich war. Sex war eine Kombination von Halloween und Weihnachten – er war mit Schuld und Leid besetzt, verdreht, unbeholfen, er glich einer bevorstehenden Prüfung und brachte einen zum Zittern. Sex war ein ebenso psychologischer wie physiologischer Vorgang – oft bestand das Vorspiel in der Hauptsache aus der *Idee*, Sex zu haben. Ein nackter Mensch war eine so seltene und verstörende Sache, daß sein Anblick mehr als ausreichend war, unsere Säfte zum Fließen zu bringen. Die Menschen waren visuell noch ausgehungert; das heutige Gefühl des *déjà vu* gab es noch nicht. Als Nation hatten wir unsere Unschuld noch nicht verloren.

Ich spreche selbstverständlich über die Mittel- oder die obere Mittelschicht, aus der die Mädchen kamen, denen ich begegnete. Sie waren »brave« Mädchen, deren Sexualität von ihren Müttern und von den Romanen von George Eliot oder Virginia Woolf, vielleicht sogar von Henry James geprägt worden war. Sie trugen ausgestopfte Büstenhalter und Strumpfgürtel und kauften sich ihre Badeanzüge eine Nummer zu groß. Die Andeutung einer unter einem Pullover oder einer Bluse sich abzeichnenden Brustwarze oder des Saums eines Höschens unter einem Rock hätte als pornographisch gegolten.

Sex war das Letzte, was solch ein Mädchen einem Mann geben konnte, etwas Ultimatives, ein Ultimatum. Von ihr aus gesehen, war die Entscheidung ebenso philosophisch wie emotional und mußte mit ethischen und ästhetischen Gründen gerechtfertigt werden. Mit einem Mann zu schlafen war das Ende einer langen Kette von Verhaltensweisen, die damit begann, daß man sich für liberal erklärte, moderne Kunst schätzte – Sex war eine Spielart der modernen Kunst – und sich ausländische Filme ansah. Auch Sex war etwas Fremdes. Er war eine Nachkriegssache, eine Art verzweifelter Demokratie, eine halbherzige Form des Selbstmords. Sex war eher Freiheit als ein Genuß, vielleicht sogar eine Polemik, eine Rache an der Geschichte. Trotzdem mußte er etwas mit Liebe zu tun haben – wenn schon nicht mit Liebe zu einem besonderen Mann, dann wenigstens mit der Liebe zur Menschheit, mit der Liebe zum Leben, mit der Liebe zur Liebe oder zu irgend etwas.

In gewissem Sinne war ich genauso gehemmt wie diese Mädchen und zwar durch meine Erziehung, die mich zu einer Mischung aus Langeweile und Begehren verdammte. Wie die meisten jungen Männer hatte ich noch nicht gelernt, mit Mädchen einfach zusammen zu sein, an ihrer Seite zu existieren, mich mit ihnen anzufreunden, und so war ich, sobald mein Verlangen gestillt war, schlichtweg gelangweilt. Um das Ganze noch schlimmer zu machen, litt ich an einer Art jungenhafter Ritterlichkeit und Höflichkeit, die mich davon abhielt, mich natürlich zu verhalten, so daß ich die ganze Zeit schauspielerte, und das war ermüdend. Ich war mir bewußt, daß ich die Mädchen schlecht behandelte – aber um sie gut zu behandeln, hätte ich sie lieben müssen, und dazu war in meinem Leben weder Zeit noch Platz. Aus all diesen Gründen stand zwischen mir und den Mädchen immer eine Aura der Enttäuschung, als würden wir uns immer wieder auf einen faulen Handel einlassen.

In *Portnoys Beschwerden* sagt Portnoy, daß die Mädchen unter ihrem Rock alle Mösen hätten. Was er nicht sagte – und das war sein eigentliches Problem, seine Klage – war, daß sie unter ihren Röcken auch Seelen haben. Wenn sie entkleidet waren, konnte ich nicht nur ihre Mösen, sondern auch ihre Seelen sehen. Sie trugen sie wie Negligés, die sie nie auszogen. Und wie man Liebe mit einer Seele macht, weiß unter einer Million Männer höchstens einer.

Sex im Jahre 1947 glich einem komplizierten Spielzeug ohne Montageanleitung, das man in hundert verschiedene Teile zerlegt bekommt. Heute ist es völlig unbegreiflich, wie weit wir von einfachen Vorstellungen wie Genuß oder Erfüllung entfernt waren. Eigentlich waren wir in der Situation von Kolumbus, als er sich fragte, ob die Erde rund oder flach sei. Weil sie nicht wußten, wie man Sex macht, machten die Mädchen Gesten. Sie trugen einem ihre Idiosynkrasien an wie eine Leidenschaft. In ihrer Nervosität brachten sie andere, völlig unvermittelte Formen extremer Leidenschaft hervor. Sie gaben mir ihre geheime Poesie, ihre unterdrückten Gedichte und Geschichten, ihre Tänze.

Eines von den Dingen, die uns verlorengegangen sind, ist das fabelhafte Werben zwischen Männern und Frauen, wobei der Mann das Mädchen anfleht, mit ihm zu schlafen, und das Mädchen ihn bittet, sich zu gedulden. Ich erinnere mich an das Gefühl, vor Verlangen wie ein Heiliger zu erstrahlen, während ich sprach, wunderbar sprach, redete, als sänge ich eine Oper. Ich geriet in einen Zustand der Verzückung bei diesem Balzen, als erstünde durch diese Zauberformeln aus meinem Ich ein besserer und würdigerer Mensch. Vielleicht war dieses das reinste Gefühl, daß es zwischen Männern und Frauen überhaupt geben kann.

Was für eine Mühe wir uns jedesmal machten. Und wie freudig, wie gerne wir sie auf uns nahmen. Nichts war uns zuviel, nichts zu widersinnig. Ich erinnere mich an eine Nacht, oder besser gesagt an einen Morgen, an einen eiskalten Januarmorgen gegen zwei Uhr früh – ich rannte so schnell ich konnte durch die dunklen, schlafenden Straßen. Ich trug nur einen Pullover, und ich hatte keine Socken an. Ich wollte nicht stehenbleiben, um Socken anzuziehen. In meiner Wohnung war ein Mädchen, das auf einem Kondom bestand, und ich hatte Angst, sie würde es sich anders überlegen und weggehen, bevor ich von dem Drugstore, der die ganze Nacht aufhatte und eine halbe Meile entfernt war, zurück war. Ich dachte an sie, während ich lief, ich sah, wie sie vom Bett aufstand, ihre Strümpfe anzog, wie sie sich das Kleid über den Kopf zog und zurechtschüttelte. Ich hatte ihr Kleid oder ihre Schuhe mitnehmen wollen, so daß sie nicht hätte weggehen können, aber ich hatte gedacht, das könnte sie gegen mich aufbringen. Obwohl es kein Mädchen war, das ich liebte, hätte ich in dieser Nacht alles für sie getan. Es war verrückt, und mir war bewußt, daß ich mich wie ein Verrückter benahm, als ich durch die Straßen rannte – und doch rannte ich weiter. Bevor wir die Klaviatur des Sex beherrschten, stimmte all das, was Freud über ihn sagte.

Die Energie unverbrauchten Begehrens, die sexuelle Erwartung, war ein gewaltiger Strom, der durch das amerikanische Leben floß. Er war damals so viel mächtiger, weil Zweifel ihn bremsten, aufstauten und umgaben. Er speiste sich aus Fehlschlägen und auch Erfolgen. Seine Stärke hätte genügt, eine Million Raketen auf den Mond zu schicken. Die Struktur des Begehrens war eine unermeßliche Kathedrale, die sich in unserem Innern wölbte. Während Sex im Rückblick fast immer enttäuschend war, adelte und verfeinerte uns sein Versprechen; es machte uns nachdenklich.

Bevor wir in den sechziger Jahren über Sex aufgeklärt wurden, mußten wir uns selbst aufklären, und unsere Erklärungsversuche waren unendlich viel besser. Sex schien, bevor er uns erklärt wurde, etwas sehr viel Extremeres zu sein – wir griffen auf unsere Vorstellungen zurück und brachten Unerhörtes zum Vorschein. Es glich den Sexwitzen, die man mir erzählte, als wir von New Orleans nach Brooklyn zogen. Ich war sieben Jahre alt, und wenn ich auf der Straße spielte, erzählten mir die anderen Kinder Sexwitze. Abgesehen davon, daß ich nichts über Sex wußte, hatten diese Witze alle etwas Surrealistisches. Sie hatten etwas Märchenhaftes, etwas von Science-fiction, etwas von Horrorfilmen.

Sex ist vielleicht gerade dann am Wunderbarsten, wenn er ein wenig von dem Grotesken behält, das wir alle anfangs dabei empfinden. Es sind die surrealistischen Momente, die uns ängstigen und erheben, die uns mit einer unausführbaren, unauslebbaren Liebe erfüllen, einer Liebe, die wir nicht auf den Boden der Tatsachen holen können. Ich erinnere mich zum Beispiel an ein Mädchen, das modernen Tanz bei Martha Graham studierte. Martha Graham hatte eines Tages im Unterricht gesagt, Mädchen, ihr müßt mit eurer Vagina atmen. Und das nahm sich dieses Mädchen mit mir vor. Sie dachte, was für das Tanzen gilt, muß auch für den Sex gelten. War das nicht die natürlichste Sache von der Welt? Sie erzählte mir, daß sie versucht hatte, mit ihrer Vagina zu atmen, wenn sie allein war, und daß es ein wunderbares Gefühl gewesen war, so, als wäre man leichter als Luft, als füllte man seine Lungen mit Sex. Ich war von der Idee sehr angetan und kooperierte, so gut ich konnte. Aber obwohl wir die Sache energisch verfolgten, klappte es nie. Sie war hartnäckig, sie war stark, aber am Ende gab sie auf. Nein, sagte sie, ihre Stimme voller Enttäuschung, ich kann es mit dir nicht. Sie lag da und dachte nach; ihr Gesicht war ein Gedankendiagramm. Dann stand sie vom Bett auf und stellte sich vor dem Regal in Positur. Ich hatte das Regal schwarz gestrichen, und sie sah großartig aus vor dem Schwarz und vor den Büchern. Sie streckte sich gerade – sie war groß und muskulös. Ich konnte sehen, wie sie sich sammelte, wie ihre Muskeln hervortraten. Mit dir kann ich es nicht, sagte sie, aber mit mir selbst kann ich es. Schau – gib mir ein oder zwei Minuten. Sie spreizte die Beine ein wenig und lockerte die Knie. Jetzt, sagte sie, jetzt mache ich es. Und sie tat es – ich sah ihr dabei zu, und in meinem Kopf war nicht die Spur eines Zweifels.

Bei einem Mädchen ging es immer um Begriffsdefinitionen: Was hieß ins Bett gehen für sie, und was konnte es für mich bedeuten. Warum tun wir das?, fragte das Mädchen, und ich mußte mir eine Lüge ausdenken, weil ich die Antwort nicht wußte. Während wir uns bemühten, der Idee der Liebe näherzukommen, während wir ihre Hitze spürten und in ihrem Licht leuchteten, verschwammen das Persönliche und das Philosophische in eins.

Mich ergriff eine unglaubliche Aufrichtigkeit, und obwohl ich wußte, daß diese Aufrichtigkeit nur vorübergehend sein würde, war sie in einem gewissen Sinn auch ewig. Das Mädchen und ich glichen zwei bis zum Zerreißen gespannten Bögen, mit nur einem Pfeil zwischen uns. Verführung war ein bewegendes und wunderschönes Genre, die am tiefsten empfundene Literatur des Ich. In solchen Augenblicken sah ich mich, wie ich hätte sein können: liebenswert. Und ich denke, auch das Mädchen sah sich von seiner besten Seite, als Inspiration.

Eine wunderbare Verlegenheit umgab das Ganze, eine moralische Nacktheit. Ein zeitgenössischer Schriftsteller, ein Psychotherapeut, definierte Verlegenheit als eine Ausstrahlung, die mit sich selbst nichts anzufangen weiß – und das war es, was uns ausmachte. Wir hatten Ausstrahlung.

Wenn Menschen verlegen sind, ist es, als wären sie aus ihren zwanghaften Rhythmen gefallen und einen Moment lang in einer absoluten, wehrlosen Ruhe fixiert.

Schon das Sichausziehen war ein Drama. Ein stehendes Mädchen mit den Armen hinter dem Rücken, die Hände am BH-Verschluß, hatte etwas von der Schönheit einer Kreuzigung. Sie sah aus, als verstecke sie etwas, ein Geschenk, hinter ihrem Rücken. Sie hielt inne, schaute aus mittlerer Entfernung an mir vorbei, die Hände noch auf dem Rücken, wie in Handschellen, gefesselt von Unschlüssigkeit und Begehren. Sie versuchte in die Zukunft oder ans Ende der Liebe zu sehen. Und wenn schließlich ihre Brüste heraussprangen, blickte sie mit demselben Erstaunen wie ich auf sie herunter.

Wenn ein Mädchen 1947 ihre Unterhose auszog, war sie nackter, als je eine Frau vor ihr gewesen war. Es war, als hätte die Zeit oder die Geschichte selbst sich auf diese Nacktheit hin entwickelt, sich nach ihr gesehnt. Die Männer meiner Generation hatten besessen über diesen Frauenkörper nachgedacht, ein gewaltiger kultureller Entwicklungsbogen hatte sie auf diesen Körper ausführlich vorbereitet, sie zu ihm hingeführt. Ihr Körper stand in unseren Gedanken ganz vornan, ein *pin-up*, das die vorderste Front unseres Fortschritts, unserer Freiheit markierte. Wir hatten ihn wie ein Gewehr den ganzen Krieg hindurch mit uns geschleppt. Die Nacktheit der Frauen wurde dermaßen zum Objekt der Begierde, daß sie die amerikanische Kultur schmückte wie die ornamentale Figur auf der Motorhaube eines Autos. Wir waren an einem Punkt unserer sozialen Evolution angelangt, an dem unsere Wahrnehmung des weiblichen Körpers bis an die Grenze des Irrsinns fortgeschritten war. Wir waren eine Nation von Voyeuren.

Wenn ein Mädchen sich ausgezogen hatte, konnte es vorkommen, daß sie sich für ihren Körper entschuldigte, daß sie sagte, sie sei zu dünn oder zu dick, oder ihre Brüste seien zu klein. Immer war es sie, die verglich, die sich den wilden Männerphantasien stellen mußte. Hätte sie es tatsächlich gewagt, darauf Bezug zu nehmen, sie hätte sich wahrscheinlich für ihr Geschlecht entschuldigt – für seine Feuchtigkeit, die Behaarung, die seltsame, fast versteckte Lage. Das Entkleidungsritual wurde oft mit einem kleinen Schulterzucken beendet, als wollte sie sagen: Das ist alles, was ich habe.

Ich liebte das Unbeholfene an diesen Mädchen. Manchmal hatte es für mich etwas Herzzerreißendes. Aus Angst, irgendeine Initiative zu ergreifen, trödelten sie und fummelten herum, zauderten und schweiften ab. Diese Unbeholfenheit war für mich etwas Erhabenes, eine unbewußte Äußerung ihrer Unschuld. Ich erinnere mich an ein Mädchen, deren Unbeholfenheit sich darin zeigte, daß sie auf dem Weg zu meiner Wohnung in die Hundescheiße auf der Straße trat. Es passierte drei- oder viermal, bis ich sie fragte, Siehst du nicht, wo du hingehst? Aber das genau war es, was sie nicht wollte. Sie wollte nicht hinsehen. In die Hundescheiße zu treten war so, wie sich auf einen prägenitalen Zustand zurückzuziehen. Es war ein Beweis für ihr Unachtsamkeit, für ihre Erhabenheit.

Ein Mädchen faßt diese Zeit für mich besonders gut zusammen. Sie war das perfekte Beispiel für das, was ich meine, wenn ich sage, daß Sex damals individueller, persönlicher geprägt war als heute. Sie überragt die anderen nicht durch ihre Originalität, sondern weil ein Zusammentreffen verschiedener Umstände es ihr erlaubte, ihre Idiosynkrasie gänzlich zu entfalten, genau das zu finden, was sie brauchte.

Ihr Name war Virginia, und sie war ein reiches Mädchen, das nach New York gekommen war, um Kunst zu studieren – nicht um zu malen oder Skulpturen zu machen, sondern um das *Sein mit* der Kunst, das Leben nahe der Kunst, zu studieren. Als sie im Village ankam, erregte sie großes Aufsehen, weil sie hohe Wangenknochen hatte. 1947 waren hohe Wangenknochen das Beste, was ein Mädchen haben konnte, besser als große Brüste oder schöne Beine. Der Kubismus war beim menschlichen Gesicht angelangt, und im Village sprach man mit Vorliebe über Knochenstruktur.

Was mich fast ebensosehr wie ihre Wangenknochen beeindruckte, war eine Bemerkung Virginias bei unserer ersten Unterhaltung. Sie hatte mir erzählt, daß sie aus einer Küstenstadt Neuenglands kam, und ich hatte sie, um mir ihre Lebensumstände besser vorstellen zu können, gefragt, wie nah ihr Haus am Wasser lag.

Ziemlich nah, sagte sie. So nahe, daß ich, wenn ich nachts bei offenem Fenster im Bett liege, das Geräusch des Wassers, das gegen den Rumpf meines Bootes klatscht, von dem der anderen Boote unterscheiden kann. Ich fand diese Unterscheidung sehr fein – wie ein Stück Literaturkritik des Meeres. Sie hatte eine tiefe Stimme und eine knappe dentale Art zu sprechen.

Aufgrund ihrer Wangenknochen und dieser Bemerkung

ging ich mit ihr aus. Aber ihr Ton war so höflich, so gnadenlos allgemein, daß ich nicht den nötigen Schwung entwickeln konnte, die Art von Rhetorik in Gang zu bringen, die die Frage ermöglicht hätte, ob sie mit zu mir kommen wolle. Erst als wir zum vierten Mal ausgingen, fragte ich sie. Ich verzichtete auf jede Art von Überleitung und fragte sie einfach. Ich hatte sie noch nicht einmal berührt, aber ich sagte: Ich möchte, daß du die Nacht mit mir verbringst.

Ohne sich anmerken zu lassen, daß sie die Frage gehört hatte, sagte sie mir, sie müsse ihren Hund ausführen. Sie hatte einen Saluki, einen sehr schnellen und eleganten Rassehund, der jeden Tag Auslauf haben mußte. Ich dachte, das bedeutete, daß sie den Hund zum Washington Park führen und Stöckchen werfen wollte, aber das war unter Virginias Niveau. Wir stiegen in ihren MG, eines der frühen, rassigen Modelle, und der Hund sprang elegant in das zusammengefaltete Leinenverdeck.

Wir fuhren zur West Street, die unter dem West Side Drive den Hudson entlangläuft. Damals war die West Street nachts menschenleer. Als Virginia anhielt, sprang der Hund aus dem Wagen, setzte sich auf das Kopfsteinpflaster und wartete auf das Startsignal. Als wir dann in südliche Richtung weiterfuhren, sprang er in großen Sätzen neben uns her. Der Wagen war so niedrig, daß sein Kopf mit meinem auf einer Ebene war. Er grinste beim Laufen, und ich bemerkte, daß auch er hohe Wangenknochen hatte.

Ich entsinne mich, daß auf dem Dock am Ende der Twelfth Street eine große Müllpresse stand, und ihr Geruch vermischte sich mit den milderen Ausdünstungen des Flusses, den wir zwischen den verrotteten Kaianlagen blinken sahen. Der MG war hart gefedert, und er machte einen ziemlichen Krach, als er über das Kopfsteinpflaster rumpelte. Virginias Hände hielten das polierte, hölzerne Lenkrad in Neun-Uhr und Drei-Uhr-Position.

West Street bei Nacht war ein Ort, der nachdenklich machte. Die Ruinen der Kais schienen von einer vergangenen Zeit zu erzählen, von Überseekoffern, vom Champagner in Erste-Klasse-Kabinen, von Freunden, die hierher gekommen waren, um einen zu verabschieden, wenn man auf Europareise ging. Virginia mit nach Hause zu nehmen, war so etwas, wie von einem dieser Docks abzulegen. Ich sah sie an und versuchte, meine Chancen abzuschätzen, aber sie war völlig mit ihrem Hund und dem Lenken beschäftigt.

Die Docks erinnerten mich an den Kai in Yokohama, wo ich die Scheiße abgekratzt hatte, und auch Virginia hatte etwas Militärisches an sich. Sie trug ein Tweedkostüm, das im sogenannten Eisenhowerstil geschnitten war, mit einem zweischößigen Jäckchen. Bei allem, was sie tat, war es, als folgte sie einer mysteriösen Disziplin.

Wir fuhren etwa eine Meile nach Süden und dann wieder nach Norden zurück. Wir taten das zweimal, und alles wirkte feierlich. Wir sprachen kaum miteinander, weil der Wind in unseren Ohren sauste, und weil die Szenerie selbst uns eine Art von Schweigen auferlegte. Bei der dritten Runde bemerkte ich, daß der Hund müde wurde. Seine Zunge schlapperte, und sein Lauf hatte etwas von seiner Anmut verloren.

Ich fragte mich, wie weit Virginia noch fahren wollte. Das Rütteln des Wagens ging mir auf die Blase, und der Hund war so erschöpft, daß es grausam schien, weiterzumachen.

Ich war schon so weit, sie zu bitten, anzuhalten, aber dann merkte ich plötzlich – ich weiß nicht wodurch, aber ich war mir dessen plötzlich völlig sicher –, daß sie den Hund vergessen hatte. Sie entschied gerade, ob sie mit zu mir gehen sollte oder nicht. Vielleicht würde dem Auto das Benzin ausgehen.

Am Ende war es der Hund, der entschied. Als ich Virginia auf den Arm tippte und auf den Hund deutete, hielt sie abrupt an, der erste Bruch in der Perfektion ihres Fahrstils. Ich dachte, ich müßte den Hund in den Wagen hieven, aber er sprang in einer letzten, ritterlichen Anstrengung auf das Verdeck. Diesem Mädchen nachzulaufen, war so erschöpfend, daß ich selbst fast keuchte, und ich wußte, wie er sich fühlte.

Nun mußte sie antworten, so oder so. Ich machte keinen weiteren Vorstoß, da ich mir von einem Überredungsversuch nichts versprach. Sie würde sicher ihren eigenen, sonderbaren Imperativen folgen.

Der Motor des Wagens lief im Leerlauf sehr hoch, als wäre er nervös. Virginia zog die Handbremse und legte dann die Handschuhe ab. Zumindest, dachte ich, sind jetzt ihre Hände nackt, das ist schon ein Anfang. Dann drehte sie sich im Sitz um und streckte die Hand nach dem Hund aus. Sie begann ihn zu liebkosen und rubbelte seine Ohren, seinen Kopf, seinen Rücken. Sie rubbelte und rubbelte ihn eine ganze Weile, während ich dasaß und auf den zwischen den Kaianlagen blinkenden Fluß sah.

Sie fragte den Hund um Rat – was sollte sie tun? Sie bat ihn um eine Entscheidung. Und er sagte ja, du brauchst auch Auslauf. Die Nacht ist zum Laufen da. Sie ging mit mir nach

Hause, weil der Hund so graziös, so tapfer war. Vielleicht würden wir auch graziös und tapfer sein. Virginia war es auf ihre Art, obwohl sie in den zwei oder drei Monaten, in denen ich sie sah, nie wieder etwas sagte, was ihrer Bemerkung über das Wasser, das gegen ihr Boot schlug, im Entferntesten gleichgekommen wäre.

Das Traurigste am Sex jener Tage war das Schweigen. Männer und Frauen hatten noch nicht gelernt, auf natürliche Art miteinander zu sprechen. Mädchen waren auf Zuhören trainiert. Sie warteten darauf, daß ihnen die Geschichte die Erlaubnis zu reden erteilte. Sie führten ein Leben im Wartestand – sie warteten darauf, daß Männer sie ausführten, daß Männer einen Orgasmus hatten, daß Männer sie heirateten oder verließen. Ihr Schweigen war eine andere Form von Jungfräulichkeit.

Es gab alle Arten von Schweigen: Das ängstliche Schweigen, das hündische Schweigen, das diskrete, das dumpfe, das gespannte, das verzweifelte Schweigen, das hoffnungsvolle, das fragende Schweigen. Anfangs, wenn ich ein Mädchen gerade erst kennengelernt hatte, war mir das gleichgültig, weil das Begehren selbst eine Art Geräusch war – aber danach, wenn ich dann im Bett lag, war das Schweigen kalt, als hätten wir keine Decke, uns zuzudecken. Es gab Mädchen, die darauf bestanden, daß man sie während des ganzen Aktes küßte, und mir kam dieses Küssen wie eine Sprechblase ohne Inhalt vor.

Dieses Schweigen, dieser Mangel an wirklichem Gespräch oder echtem Vertrauen, deprimierte mich dermaßen, daß ich eine Zeitlang mit einem tauben Mädchen ging.

Warum nicht?, sagte ich mir. Wenn schon, denn schon. Ich wußte, als ich sie in der Lobby der New School auflas, nicht, daß sie taub war. Ich nahm an, ihre seltsame Sprechweise – die Sprache von jemandem, der nie jemand sprechen gehört hatte, sei der Akzent einer ausländischen Studentin. Es klang arabisch.

Als mir klar wurde, daß es angeboren war, erschien mir das wie ein göttliches Urteil. Ich dachte, daß ich einen Weg konsequent zu Ende gegangen war. Dies war das endgültige Schweigen zwischen Mann und Frau – warum sollte ich mir weiterhin etwas vormachen? Ihre Hörhilfe steckte im BH; wenn sie ihn auszog, war sie stocktaub. Wir konnten einander nur auf den Arm tippen. Sie erzählte mir, daß sie meine Stimme als Vibration in ihrem Brustkorb hörte.

Es gab noch eine andere Art von Stille: Die Stille des Körpers, nicht nur beim Sex, sondern auch bei anderen Körperfunktionen. Ich kannte Mädchen, die nie, auch wenn sie eine Woche in meiner Wohnung verbrachten, auf meine Toilette gingen. Ein Orgasmus war schwierig, eine Ausscheidung unmöglich. Und so litten diese armen Mädchen an einer doppelten Verstopfung, an einem doppelten Bauchweh. In meiner kleinen Wohnung lag die Toilette zu nahe, so nahe wie die Schamgrenze.

Ich konnte an ihren verschatteten Augen, an ihrem verblassenden Teint, sogar an ihrer Ausdrucksweise ablesen, was sie alles zurückhielten. Ihre Gesichter schwollen auf, ihre Bäuche blähten, ihre Körper verknoteten sich. Ihre Sätze gerannen, wo sie doch loskommen, alles loslassen wollten.

Hätte ich diese Mädchen in ihrem Zutrauen bestärkt,

oder wäre ich mit einer von ihnen lange genug zusammengeblieben, hätten sie sich vielleicht entspannt, und sie und ich hätten vielleicht angefangen, uns natürlich zu verhalten. Aber ich war von Rastlosigkeit getrieben. Ich strebte immer noch nach Transfiguration, wie ich zu Dr. Schachtel gesagt hatte – entweder Transfiguration oder gar nichts. Aber diese Transfiguration mußte irgendwo beginnen, und ich gab ihr nie eine Chance. Außerdem gab es da noch ein Hindernis: Ich war dabei, das Schreiben zu erlernen, und ich verwandelte alles in Literatur, und das war etwas, was keine Affäre überleben konnte.

Obwohl ihre Körper mir oft wunderschön vorkamen und ihre Persönlichkeiten so ansprechend, wie es unsere Hemmungen zuließen, war es letzten Endes die Seele der Mädchen, womit ich rang. Was wir auch immer sagten oder taten, ich konnte von ihren Seelen nicht loskommen. Ihre Seelen lagen neben uns im Bett, beobachtend und leidend. Vielleicht brauchte ich ihre Seelen – es gibt keine andere Erklärung für ihre unpassende Anwesenheit –, aber ich wußte nicht, was ich mit ihnen anfangen sollte, genauso wenig wie ich wußte, was ich mit meiner eigenen Seele anfangen sollte.

Ich erwartete so viel von jedem Mädchen, und diese erwarteten so viel von mir, daß wir uns gegenseitig verrückt machten und deprimierten. Ich denke auch, daß ich vielleicht Sex und Literatur durcheinanderbrachte. Die Spannung und Erregung beider ähnelten sich so sehr, daß sie so schwer zu unterscheiden waren wie das Läuten ferner Kirchglocken.

Ich erinnere mich, daß ich einmal mit meinem Freund Milton Klonsky die Straße entlangging; wir unterhielten uns gerade sehr ernsthaft über Bücher, als wir an einem wunderschönen Mädchen vorbeiliefen. Sie mußte die Bewunderung in meinem Gesicht gesehen haben, denn sie lächelte, ein kleines verschwörerisches Lächeln. Ich brach meinen Satz in der Mitte ab und lief ihr nach, was Milton erzürnte. Ich konnte ihm nie begreiflich machen, daß ich in ihr, als sie lächelte, fleischgewordene Bedeutung sah.

***Addendum

Als Anatole Broyard 1988 erkrankte, legte er diese Erinnerungen beiseite, um über seine Krankheit zu schreiben, und war nicht mehr in der Lage, die Arbeit daran wieder aufzunehmen. Er hatte die Absicht, den letzten Teil dieses Buches dem Tod seines Vaters zu widmen. In einem Brief an seinen Verleger schrieb er: »Der Tod meines Vaters war für mich wie das Ende einer Ära, wie die Große Depression von 1929, die die amerikanischen Schriftsteller aus dem Pariser Exil zurückkehren ließ. In gewisser Weise war ich in Greenwich Village ein Exilant gewesen, da ich dort auf eine Weise lebte, die mir im wesentlichen fremd war. Ich flog, so wie man bei Freud im Traum fliegt, und das Buch endet mit meinem Versuch, wieder auf den Boden zu kommen.«

Obwohl Anatole oft über seine Arbeit sprach, weiß ich nicht, woran er dachte, als er schrieb, »dieses Buch endet mit meinem Versuch, wieder auf den Boden zu kommen«. Und doch kenne ich seine Lebensgeschichte und war fünfundzwanzig Jahre lang seine Frau, zuerst in Greenwich Village, dann in Connecticut, wo wir zwei Kinder aufgezogen haben. Anatole kam meiner Meinung nach wieder auf den Boden, indem er Vater wurde. Er kam wieder auf den Boden, indem er für die New York Times *über Bücher schrieb und sich in die Literatur vertiefte. Wörter machten ihm Mut. Und*

Bücher gaben ihm die Arbeit, mit der er sich ein Zuhause schuf und seine Familie ernährte. Sie waren der Ballast, das Rettungsseil, das ihn sanft und allmählich auf den festen Boden zurückholte im Lauf der Jahre und über mehrere Stationen hinweg – Greens Farms, Fairfield und Southport, Connecticut; schließlich Cambridge, Massachusetts; und im Sommer immer Martha's Vineyard. Anders als Ikarus, stürzte Anatole, der eine strahlende Persönlichkeit war, beim Herunterkommen nicht ab und verletzte sich nicht.

Die letzten Gespräche mit ihm drehten sich um dieses Buch – eine Arbeit, die er noch leisten wollte. Anatole bleibt uns erhalten. Sein Geist wirkt nach, so wie seine Meinungen, seine Vorurteile, seine Geschichten, sein Witz. Bei der Zusammenstellung dieser Schriften hat er aktiv mitgearbeitet.

Alexandra Broyard
Cambridge, Massachussetts
März 1993

Postkarten an die Literatur

In diesem Augenblick ging über die Brücke ein geradezu unendlicher Verkehr. So beendet Kafka seine Erzählung *Das Urteil.* Was in Broyards Erinnerungen beschrieben wird, ist aber weder die Karlsbrücke in Prag noch die Brooklyn Bridge in New York, sondern ein Kai in Yokohama. Ein Offizier der U.S. Armee hat den Sonderauftrag, mit seiner Einheit den Kai von einer festgetretenen Kruste, einer dunkelglänzenden Haut allerlei menschlicher Ausscheidungen, die während des Zweiten Weltkrieges angefallen waren, zu befreien. Von dieser Warte aus waren Freund und Feind nicht mehr zu unterscheiden. So erträumte sich der Offizier an der Reling des Kais, an einem stilleren, sublimeren Ort zu weilen, einen Buchladen in Greenwich Village aufzumachen, von wo aus er, fern von diesem Dreck, als Veteran Postkarten an die Literatur und die moderne Kunst schreiben würde.

Jeder Mensch hat das Recht, seine eigene Biographie zu erfinden. An dieses befreiende *bon mot* von Reinhard Lettau, kann man sich sein Leben lang halten, ohne genau zu wissen, wozu es gut sei. Wie ein Stück Speck in der Speisekammer, als Wegzehrung für die Reise. Dieser Satz hätte auch dem Literaturkritiker und Essayisten Anatole Broyard gelten können, der gerne, wie er selbst einmal sagte, seine »beschämend gewöhnliche Vergangenheit« gegen einen Strauß bunter Fiktionen eingetauscht hätte. Aber wer täte das nicht gern.

Als Broyards *Kafka was the Rage* im Sommer 1996 neben den vielen Grishams und Stephen Kings auf dem Verkaufstisch von Black Oaks Bookstore – einem kleinen Buchladen in Campusnähe nördlich jener Farbgrenze zwischen Berkeley und Richmond, die von der San Pablo Avenue markiert wird – unser Interesse wie ein exotischer Fremdkörper erregte, gab es noch keinen Grund, den Satz von Lettau zu hinterfragen. Denn an Broyards Darstellung seines Lebens in dem sagenumwobenen kleinen *borough* von Manhattan, zwischen Washington und Sheridan Square, schien selbst beim ersten Durchblättern wenig Erfundenes zu haften. Dazu waren seine Schilderungen einer schwindelerregenden Zahl von hautnahen Begegnungen mit namhaften Größen der amerikanischen Avantgarde unmittelbar nach dem Krieg – Dylan Thomas, William Gaddis, Anaïs Nin, Clement Greenberg, Bruno Bettelheim, Karen Horney, Rudolf Arnheim, Erich Fromm, Meyer Schapiro, Max Wertheimer – zu lebhaft ausgestaltet durch nachvollziehbare Details, in der Darstellung zu treffsicher, witzig, stimmig und gut, als daß man auf die Idee hätte kommen können, der Erzähler gehörte nicht ganz und gar dazu, hätte etwas erfunden oder Entscheidendes weggelassen.

Für die Künstler, Beats, Hipster, Kritiker, Poeten und deutsch-jüdischen Immigranten im Village, die Broyard ausführlich beschreibt, war Kafka gewissermaßen die Kultfigur. Sein Werk wurde später von der Beat Generation zur Pflichtlektüre ernannt und damit als Klassiker der Weltliteratur kanonisiert. In Broyards Erinnerungen aus dem Jahr 1947 steckt somit auch eine kleine Rezeptionsgeschichte, in der sich Kafkas Amerika und Amerikas Kafka entdecken läßt. Für beide hochstaplerischen Projekte – für Kafka, der Amerika nie betreten hat, wie für Broyard, der Kafka nur teilweise, aus Übersetzungen kannte – konnte der Gegenstand nicht fremd genug sein, um über das Fremde das Eigene wieder für sich zu gewinnen.

Mit dem unverschämten Satz, *hau diese Kafkas in die Kischka*, kam Broyards Buch also zur genaueren Überprüfung in den Koffer mit auf die Rückreise nach Berlin. Dieser Satz war, wie es sich hinterher herausstellte, Ausdruck der Wut von Broyards bestem, unheilbar kranken Freund Saul, die sich auf die fiebernde Intellektualität jener kulturkritischen Emigranten richtete, die damals an der New School für Social Research dozierten und den amerikanischen Wildwuchs stets eines Besseren belehren wollten. Eine Art um sich greifender Krankheit machte sich breit, an der sein Freund Saul, seiner jüdischen Mutter zufolge, schließlich auch gestorben ist. Aber *Gnade weiß von keinem Zwang*, heißt es im *Kaufmann von Venedig*, den Broyard an entscheidender Stelle zitiert.

Der Griff zu Broyards erstem romanhaften Text stellte sich als glücklicher heraus. Der schillernde Glanz seiner stilistischer Brillianz hält den Leser nicht nur für die Dauer der Lektüre in seinem Bann, er beflügelte zudem unseren Entschluß, dieses Buch gemeinsam zu übersetzen. Im Koffer daneben lag außerdem der *New Yorker* mit einer Rezension von William Gates, jr., »White like me«, die lange Zeit ungelesen blieb, denn geliehene wie gestohlene Bücher brauchen eine besonders lange Lagerzeit, um wirklich heimisch zu werden.

Ohne dem Glanz Abbruch zu tun, ohne den Autor um sein Geheimnis bringen zu wollen, soll hier dennoch ein überraschendes wesentliches Detail dieser Autobiographie erwähnt werden, das durch die Rezension im *New Yorker* ans Licht gezerrt wurde. Anatole Broyards Familie war schwarz. Dieses Detail hat Broyard an keiner Stelle preisgeben wollen, denn er wollte nie als *black author* gelten. Der Preis für *authenticity* war wahrscheinlich hoch, denn die Anstrengung, die die Verleugnung seiner Identität mit sich brachte, hat ihn wohl den Roman gekostet, den er nie hat schreiben können.

Eine Autobiographie zu schreiben, ohne die entscheidende Tatsache seiner Herkunft zu erwähnen, ist das eigentliche Kunststück des Werks und des Lebens von Anatole Broyard. Daß er schwarz war – seine eigenen Kinder erfuhren es erst wenige Tage vor seinem Tod – geht aus der Lektüre zunächst nicht hervor. Es sei denn, man gehört zu den Eingeweihten, die Broyard immer schon hinter Max, der Figur aus William Gaddis 1952 erschienenen Roman *Recognitions* vermuteten. Gaddis, der in Sheri verliebt war und in *Kafka was the Rage* als Dick erscheint, befaßt sich in seinem

Roman ausführlich mit den Phänomenen Nachahmung und Enthüllung – Broyard gab ihm dazu Anlaß genug. Im ersten Satz der französischen Fassung von Chandler Brossards Roman über das Leben im Village mit dem Titel *Who Walk in Darkness*, in dem Broyard porträtiert sein soll, heißt es, »People said Henry Porter was a Negro.« Aus der amerikanischen Fassung hat Broyard diesen Satz streichen lassen.

In Broyards Fall handelte es sich dabei keinesfalls um einen Grenzfall, der sogenannten *hypodescent theory*, nach der in manchen Staaten der USA seit Mitte des 19. Jahrhunderts ein Tropfen Blut genügt, um einen Menschen als schwarz zu bestimmen. Wer im Staatsarchiv von Louisiana auf den Spuren von Gates der Sache nachgehen will, soll die Bestätigung finden, daß bis ins 18. Jahrhundert zurück sich sowohl auf mütterlicher als auch auf väterlicher Seite keine Weißen nachweisen lassen.

Wer beim ersten Lesen die *Farbe von Wasser* noch nicht entdeckt hat – denn Broyards Farbigkeit konnte man ihm beileibe nicht ansehen, weder seinem Körper noch seinem Text – kann sich beim zweiten Lesen detektivisch auf die Spur begeben, und an manchen Stellen eventuell noch fündig werden. Wer sucht, wird finden. Die Farbe, so Frantz Fanon, liegt nicht auf der Haut, sondern ist eine weitestgehend unsichtbare kulturelle Konstruktion, deren Erkenntnis geübtes Sehen und Lesen verlangt. Ein Bekenntnis zur eigenen Farbe ist etwas, das man dieser Autobiographie weder abverlangen kann noch soll, dies bleibt Aufgabe des Lesers. Es mag ihm als Anlaß dienen, sich selbst beim Konstruieren zuzusehen.

Als Meister der Verstellung feiert Broyard zusammen

mit Lionel Trilling das Ende der Aufrichtigkeit und damit auch den verlogenen Anspruch darauf. Jeder literarische – und damit auch der autobiographische – Text hat ein Recht auf Fiktionalität. Die Kunst besteht darin, den Leser sowohl an die Grenzen der Sichtbarkeit als auch an die Grenzen der Scham zu führen, an jenen Wendepunkt, wo der Körper zum Text und der Text zum Körper mit der dazugehörigen Vielzahl von Schamstellen wird, die das Sprachkleid zu verdecken und manchmal auch hervorzukehren sucht. Das sind die Grenzen, um die es Broyard hier geht.

Die Spannung zwischen Sichtbarkeit und Scham zieht ihre Fäden durch das gesamte autobiographische Fragment Broyards, um sich dann *weiß auf schwarz* in einer Szene nach der Trennung von Sheri zuzuspitzen, in der sie Anatoles Elternhaus in Brooklyn aufsucht, um sein Geheimnis endlich aufzudecken. Sheri drängt nach Erkenntnis, Broyard versucht sich ihrem Blick zu entziehen. Broyards leicht obsessive Angst, seine Mutter könne entdecken, daß seine Freundin keine Unterhose trägt – ein wiederkehrendes Motiv – deckt sich mit der eigentlichen Angst, daß Sheri *ihm* unter den Rock schauen könnte. Auf dem Schoß der Mutter sitzend überschattet Sheri sie physisch fast völlig. Durch die dichte körperliche Positionierung der beiden Frauen gelingt es Broyard, Rasse und Geschlecht räumlich so zu überlagern, daß ihre Relation und ihre Verschränkung transparent gemacht wird. Für Broyard schwingt ein *crossing-over* bei jedem Verkehr mit.

An dieser Stelle wird Farbe, wenn auch durch Auslassung, eindeutig thematisiert. Es ist gerade der Tanz um die Leerstelle, von der Toni Morrison in *Im Dunkeln spielen* spricht, mit dem Broyard die Aufmerksamkeit der Leser auf sie zieht. Es fragt sich, welcher weiße Autor die helle Hautfarbe der Beine seiner Freundin auf dem Schoß der Mutter so betonen würde, wenn nicht der Kontrast zum Ausdruck gebracht werden sollte. Beim Studium des Familienalbums und der darin enthaltenen schwarz-weiß Aufnahmen wird deutlich, wie die Kluft zwischen Sehen und Wissen technisch überbrückt werden kann. Anatoles Vater photographierte seine Kinder mit Vorliebe mittags auf dem Dach im Gegenlicht, eine Positur, die die unterschiedliche Pigmentierung seiner drei Kinder unauffällig wirken ließ.

Passing, die Kunst erfolgreich als Weißer durchzugehen, gebärdet sich als Wahlverwandtschaft, die optisch nicht geleugnet werden kann. Mit diesem Gestus der Mimikry geraten Sichtbarkeit und Erkenntnis in Konflikt. Die Kluft zwischen dem sichtbaren Körper und seiner inneren unsichtbaren Wahrheit, zwischen dem, was man sieht, und dem, was man weiß, führt Leser und Autor in eine epistemologische Schleife, die die Grenze und die Kippstelle markiert, wo Sichtbarkeit in ihr Gegenteil umzuschlagen droht. Broyards Schreiben ist kein Verwischen der Spuren unter der Hand eines zitternden Hypochonders, der die Selbstheilung mit überflüssiger Chirurgie herbeiführen will, sondern eher das Zeigen eines Anatoms, das die fast unsichtbaren Nahtstellen verdeutlicht.

Wer sucht, wird auch finden. In der Tat läßt das Wissen um Broyards Herkunft eine Reihe von Stellen im Text auch *anders* lesen: Als das Gespräch mit Clement Greenberg den Primitivismus streift, will er einerseits Eindruck mit seiner

Expertise von Spanish Harlem machen, andererseits fühlt er sich zu primitiv, um über das Primitive zu plaudern. Er legt Wert auf seinen Rhythmus, seine gleitende Gangart und vor allem auf den rhythmischen Tanz, den keiner seiner Künstler- und Kritikerfreunde so gut beherrscht wie er; auf die Affäre mit der Mulattin, die zwar seine Bewegungen teilt, aber nicht seine Sprache.

Broyard beruft sich auf die *high seriousness* von Matthew Arnold, dem englischen Dichter, Kritiker und Essayisten des 19. Jahrhunderts, den er seinen geistigen Mentor nennt. Und weil er ihn nie gelesen hatte, konnte er ihm mit seinen Freunden im Village zusammen umsomehr einen variablen Sinn andichten, den sie zu ihrem Programm erhoben. Arnolds *high seriousness* meint eine notwendige Praxis des Zitierens, eine Bezugnahme auf namhafte Größen der Antike und der deutschen Klassik als legitime Form kultureller Selbstdefinition. Der Begriff prägte eventuell schon den *high style* von Huck Finn und Tom Sawyer, die ihn allerdings ebensowenig zu definieren wußten, was sie nicht daran hinderte, ihn ihrerseits zum Leitbegriff zu machen. Nicht allzuweit entfernt, und, auf ernsthaften Umwegen, sind beide Begriffe eventuell sogar mit dem hochmütigen Stilbegriff der Weimarer Kunstfreunde verwandt, denen es an geistigen Vätern kaum mangelte. Wie jene *vaterlosen* Grenzgänger, die den Mississippi auf der Flucht vor Spuren der Zivilisation entlangvagabundierten, war Broyard auch auf der Flucht, vor seiner Vergangenheit, vor dem Hauch des Südens, vor der festgetretenen Haut, die auf der Landungsbrücke von Yokohama haftete. Aber es gibt kein Entrinnen: denn die Formen liegen als Grundriß bereits im

Keim jeder Geste. Ob den Körper entlang oder innerhalb der Sprache, die Strecke zwischen Nachahmung und Stil ist in Amerika besonders lang, vor allem wenn man mit Umwegen nach Paris über Texas, nach Weimar über Athens, Georgia oder nach Ithaca erst über New York gelangen will. Für Broyard (1920–1990) war der Weg zur Kunstvollendung noch länger.

Carrie Asman, Berlin 2002

Bliss Broyard

Mein Vater, tanzend

Erzählungen · Aus dem Amerikanischen von Monika Schmalz

Bliss Broyard ist die Tochter der Kritikerlegende Anatole Broyard. In acht literarischen Variationen schreibt sie über die Schwierigkeit junger Frauen, ihre eigene Rolle zu finden, unabhängig vom charismatischen Vaterbild. Ein Tanz durch die komplizierten Verhältnisse zwischen Vätern und Töchtern und zugleich ein verblüffend gelungenes Debüt der Tochter eines berühmten Vaters.

»*Bliss Broyard ist zweifellos eine der interessantesten Stimmen der zeitgenössischen amerikanischen Literatur.*« Financial Times Deutschland

»*Die Amerikanerin verfügt über ein feines Gehör für jene Gefühlsvibrationen, die dort zu vernehmen sind, wo die Sprache zwischen den Geschlechtern versiegt. Bliss Broyard offenbart in dieser Sammlung delikat komponierter Short Storys das Talent, um den Faden der großen amerikanischen Tradition der Kurzgeschichte aufzunehmen.*« Berliner Morgenpost

Berliner Taschenbuch Verlag